读懂孩子
比爱孩子更重要

姚春妹 著

中国商业出版社

图书在版编目（CIP）数据

读懂孩子比爱孩子更重要 / 姚春妹著. -- 北京：中国商业出版社, 2021.10
ISBN 978-7-5208-1804-9

Ⅰ. ①读… Ⅱ. ①姚… Ⅲ. ①家庭教育－教育心理学 Ⅳ. ① G780

中国版本图书馆 CIP 数据核字（2021）第 191110 号

责任编辑：林　海

中国商业出版社出版发行
010-63180647　www.c-cbook.com
（100053 北京广安门内报国寺 1 号）
新华书店经销
香河县宏润印刷有限公司印刷
＊
880 毫米 × 1230 毫米　32 开　6.75 印张　185 千字
2021 年 10 月第 1 版　2021 年 10 月第 1 次印刷
定价：48.00 元
＊＊＊＊
（如有印装质量问题可更换）

前言

读懂孩子比爱孩子更重要，这是教育的真谛，也能够帮助很多父母避免育儿的误区。一直以来，太多父母都致力于改变孩子的行为，反而激发起孩子的叛逆心，导致亲子关系越来越紧张恶劣。

父母作为亲子关系的主导者，如果能够换一个角度看待问题，也换一种思路解决问题，把改变孩子的行为变成尝试着理解孩子的行为，透过孩子的行为表象观察到孩子的深层次心理，那么相信很多问题就能迎刃而解。

所谓读懂孩子，关键在于理解，继而就是接纳。这要求父母们不再只盯着孩子行为的后果去看，而是要追溯孩子出现某种行为的原因。当父母的观念发生根本性的改变，父母与孩子之间的关系就会产生本质的变化。

读懂孩子，意味着父母要读懂孩子的牙牙学语，读懂孩子的叫嚣叛逆，读懂孩子的沉默寡言。此外，父母还需要注意的是，不要在心底里把孩子当成成人看待，也不要以与成人沟通的方式向孩子灌输各种观点。越是在觉得孩子的行为不可理喻的时候，父母越是不要着急，不要焦虑。只有平心静气地去捕捉孩子言行举止的蛛丝马迹，父母才能距离孩子的内心世界越来越近，直到最终打开孩子的心扉，走入孩子的内心，从而建立与孩子相处的良性循环。

读懂孩子，是改善亲子沟通的前提条件。现代社会中，在很多家庭里，父母与孩子之间的关系都剑拔弩张，父母抱怨孩子不听话、不懂事，孩子则抱怨父母不理解自己、不尊重自己。由此一来，父母与孩子进入了无效沟通的状态，父母越是唠叨，孩子越是叛逆。反之，如果父母真正做到读懂孩子，了解孩子的真实想法，**尊重孩子的真实意图**，那么就能对孩子的行为做出积极的回应，有效地减轻孩子重复某些行为的压力。

父母还要把孩子的行为当成孩子特殊的语言。很多父母只想与孩子之间进行语言沟通，以此了解孩子的内心，却忽略了在孩子还不会说话，或者在孩子不愿意表达自己的情况下，行为恰恰是孩子无声的语言，也是父母了解孩子的窗口。

每一位父母都应该努力读懂孩子的情绪、行为、情感等，唯有如此，才能洞察孩子的内心，了解孩子的真心，掌握孩子童年的秘密。

目录

第一章　读懂孩子

孩子的本能是什么 / 2

孩子何时才会有良知 / 6

孩子如何践行爱 / 10

孩子对生命本源的追问 / 14

孩子为何会出现各种问题 / 18

第二章　读懂孩子的疾病

孩子为何会患上多动症 / 24

关注孩子本身，而非只关注疾病 / 29

让爱在孩子的心中流通 / 34

关注孩子内心的创伤 / 39

孩子的常见疾病 / 45

第三章　读懂孩子的行为

家庭排序对孩子行为的影响 / 52

爸爸在孩子心目中的位置 / 58

单亲家庭的孩子有何异常表现 / 63

隔代养育对孩子的影响 / 67

孩子的常见行为问题 / 71

第四章　读懂孩子的情绪

孩子为何不爱笑了 / 78

面对亲人过世孩子的悲伤 / 82

关注孩子的焦虑 / 87

孩子的常见情绪问题 / 94

第五章　读懂孩子的人际表现

亲密关系的建立对孩子至关重要 / 100

帮助孩子找到归属感 / 106

让孩子拥有好人缘 / 112

读懂孩子的"大方"与"小气" / 117

孩子的常见人际表现 / 121

第六章　读懂孩子的学习

兴趣是最好的老师 / 128

孩子为何会出现偏科表现 / 132

孩子为何厌学情绪浓重 / 138

孩子在学习上过于争强好胜 / 143

孩子忌妒同学 / 147

孩子的学习常见表现 / 152

第七章　读懂孩子的成长

让孩子明白成功的意义 / 158

孩子要全面发展 / 162

让孩子学会人际沟通 / 166

引导孩子建立各种关系 / 173

陪伴孩子探索生命的意义 / 178

孩子的常见成长表现 / 182

第八章　读懂孩子的爱

孩子的博爱之心 / 186

孩子的自私利己 / 190

孩子对父母的"挑衅" / 194
孩子对异性产生好感 / 198
早恋不是"洪水猛兽" / 202

后　记 / 206

第一章　读懂孩子

对于养育孩子，很多父母都自以为了解孩子，懂得孩子，其实完全不然。父母并不会因为生养了孩子，就能洞察孩子的内心，就能读懂孩子的情感。事实恰恰相反，太多父母因为误解孩子，而与孩子之间产生各种隔阂，甚至爆发尖锐的矛盾冲突。一切的家庭教育都应该建立在读懂孩子的基础上，才能产生事半功倍的良好效果，父母也可以借此读懂孩子，真正打开孩子的心扉，走入孩子的内心，给予孩子更多的理解与关爱。

孩子的本能是什么

说起本能,与人类的需求是密不可分的,而说起需求,我们就会想起马斯洛的需求层次理论。马斯洛是美国著名的社会心理学家,他提出人类的需求可以分为五个层次,分别是生理需求、安全需求、爱与归属的需求、尊重的需求、自我实现的需求。其中,生理需求为最低级的需求,自我实现的需求为最高级的需求。这就意味着,活着是每个人最基本的需求,只有在活着的前提下,人们才会更进一步产生精神需求,渴望获得爱、归属感,得到尊重,也希望实现自身的价值。

从马斯洛的需求层次理论,我们不难得出一个结论,即孩子必须先满足最低级的生理需求,获得安全感,才能产生更高层次的需求。在整个童年阶段,孩子最大的需求就是获得爱与归属感。打个比方,孩子身体的成长离不开各种营养物质为生命活动提供支持,孩子心灵的成长则需要以归属感作为食物。为了获得归属感,孩子会本能地做一些事情，哪怕这些事情并非他们真正想做的。例如，有些孩子为了得到父母的陪伴，会故意踢被子，让自己感冒发烧；还有些孩子会在潜意识里暗示自己生病，因而身体真的被疾病所困扰。孩子到底为何这么做呢？因为他们想要获得父母的关注，想要得到父母的陪伴，也想从父母那里得到安全感。

很多父母看到孩子做出一些举动总是感到费解，不知道孩子为何无缘无故地生病，或者故意捣乱。其实，孩子的一切行为背后都是有原因的，只有找到根源所在，父母才能真正了解孩子的心理状态，也才能卓有成效地解决问题。

从某种意义上来说，孩子在童年时期对于归属感的追求，就像他们需要吃喝拉撒一样是出于本能的，是完全发乎自然的。遗憾的是，大多数父母只关注到孩子需要满足的生理需求，而忽略了孩子还需要获得归属感。

意大利幼儿教育家蒙台梭利在其著作《童年的秘密》中提出，每个人都要尊重孩子的本能，换而言之，婴儿具有自己的生存本能，他们能够以自己的方式坚持学习，坚持实践，坚持探索这个充满奥妙的世界。原本，父母只要照顾和保护孩子即可，无须对孩子有太多的限制和框定，但是偏偏绝大多数父母最擅长做的事情就是阻碍孩子探索。每一个胎儿在母亲的子宫里被羊水包裹着，享受自由的状态，一旦呱呱坠地，就被里三层、外三层地紧紧包裹起来，这扼杀了他们学习的通道。还有些新手父母欣喜异常，不知道应该如何对待孩子，因而时而抱起孩子，时而放下孩子，时而横着抱孩子，时而竖着抱孩子，哪怕是那些有渊博学识的父母也难免会因为喜悦而把孩子当成了自己的一个物件，拎着孩子去各种地方，又在孩子学习了一些技能之后让孩子展示给各种人看。这些做法，对于孩子的成长都绝无好处。

还有很多父母认为在婴幼儿阶段，孩子不需要父母的陪伴。为此，他们会把孩子交给老人负责带养，自己则去远离孩子的城市里打工。在这个关键时期内，如果父母没有陪伴在孩子的身边，那么就永远也无法弥补在孩子成长中缺席给孩子带来的严重损失。

细心的父母会发现，孩子虽然懵懂无知，但是他们天生就具有超强的学习能力。和自以为无所不能的成人相比，孩子学习的速度更快，他们尤其擅长自发地学习。从这个意义上来说，父母要做的就是尊重孩子的成长本能，给孩子充满爱与自由的成长空间，让孩子遵循本性成长为一个正常的人。

说起"正常的人"，很多父母也许会感到困惑，因为他们压根不知道怎样的人才算正常的人。对此，蒙台梭利也给出了回答：智慧早熟，能够控制自己的情绪，喜欢稳定的生活，不想无所事事，而只想有秩序地工作。看起来，蒙台梭利对于正常人的要求并不高，但是只要认真回想自己的生活，大多数父母就会发现自己并非正常人。在现代社会生活中，太多人每日行色匆匆，为了满足自己的一己私利而奔波忙碌，在与他人相处的过程中为了蝇头小利而斤斤计较、患得患失，工作的时候怨声载道想休息，休息的时候心神不宁想挣钱，最终陷入恶性循环的状态中，不是感到内疚，就是狂妄自负。这是为什么呢？是因为人们在不断成长的过程中背离了天性，心理也渐渐地扭曲。

看到这里，相信很多父母都会恍然大悟，也会意识到自己必须做到为孩子提供最自由的环境、最好的支持和最恰到好处的帮助，才能让孩子发挥天性，自由、健康、快乐地成长。当然，要想做到这一点，最重要的前提条件就是了解孩子的本能，认知孩子的天性，真正地尊重孩子。

孩子何时才会有良知

网络上有一个流行词语，叫作"人类的幼崽"。毋庸置疑，这个词语是用来形容婴幼儿的。把婴幼儿说成幼崽，其实是在强调孩子在未开化之前，动物性的本能占据上风，压倒了还没有得到全面发展的人类良知，这也使得婴幼儿的很多行为都是特别纯真稚嫩的，也会给成人带来无限的快乐。看到这里，日思夜盼希望孩子快快长大的父母一定会感到困惑：小小的孩子就像小兽一样懵懂无知，那么要长到什么时候，孩子才会有良知呢？

不可否认的是，人有很强的动物性，尤其是在需要满足自己的各种需求时，动物性往往会占据上风，使人表现出明显的趋利避害的本能。尤其是当需求与良知之间发生矛盾与冲突的时候，良知的报警器就会毫无征兆地响起来，这就说明孩子的良知被唤醒了。至于最终孩子是服从于本能，还是服从于良知，则要看父母对孩子的引导和教育，以及孩子自身的品性如何。

那么，良知到底是什么呢？说起良知，就不得不说起我们所属的群体。人是社会性动物，每个人都是社会的一员，都要在社会中生活，都需要融入人群。尤其是在现代社会中，没有人能够只靠着自给自足而离群索居地生活，脱离了庞大的社会机器，人们就会举步维艰，很难生存下去。所以说良知从本质上而言是一种关系状况，即每个生命个体与所属群体的关系状况。在人群中生活，在集体中实现自我价值时，我们常常会发现自己的行为有可能危及我们所属群体的权利，在这种情况下，矛盾和冲突也就自然而然地产生了。

在大自然中，不仅人是群居动物，很多动物也都是群居的，例如斑马、狼和狮子等，都是成群结队生存的。人是从动物发展而来的，所以在人类的记忆中还存在着集体记忆，集体记忆始终在警示我们一旦脱离群体，就代表着危险，就代表着有可能被毁灭。例如，狮子作为森林之王是威风凛凛的，但是一只落单的狮子很有可能受到群狼的攻击，被群狼撕咬吞噬。对于人类而言同样如此，一个人要想更好地生存，就必须与所属的群体友好相处。当自身的利益与所属群体的利益发生冲突时，良知警报器蜂鸣，作为个体的人就会意识到自己的行为危害到了群体的利益，也使自己与群体的关系岌岌可危，从而使自己的行为有所收敛，或者做出改变。此后，这个人就会意识到自己的行为不再危害群体的利益，也不再使自己与群体的关系岌岌可危，那么他的良知警报器就会停止蜂鸣，他也就会感到安全且舒适。

那么,对于孩子而言,他所属的集体是指什么呢?在进入幼儿园之后,孩子开始了真正的集体生活。在此之前,孩子所属的群体就是家庭。在家庭生活中,如果父母不能教会孩子如何处理好个人需求之间的矛盾,也不知道如何消除需求与良知的矛盾和冲突,那么孩子即便长大成人,也会非常不幸。有些孩子在成人之后生活总是不如意,根源恰恰在于他们是如何度过童年阶段的。

举个简单的例子,在家族系统中,是需要遵守长幼序位的。父母既要与孩子亲密无间,又要在孩子面前保持威严。有些父母上梁不正,例如酗酒、脾气暴躁、遇事冲动等,都会给孩子造成负面的影响,使孩子为了维持家庭生活的和平友好,而不得不管教父母。这样一来,孩子就会出现序位错乱的情况。很多父母丝毫没有意识到序位错乱给孩子带来的诸多后果,其实,这样的后果始终存在,并且使孩子生病、抑郁、厌学等。从本质上而言,这也意味着孩子作为个体与系统需求产生了冲突和矛盾,因而必然导致类似的结果产生。

由此可见,要想让孩子的良知被唤醒,且开始发展,父母就要在家庭生活中给孩子做出良好的榜样。切勿觉得满足孩子的吃喝拉撒就是合格的父母。真正合格的父母还要关注孩子的精神和情感,满足孩子的心理需求,尤其是会引导孩子融入家庭生活,享受家庭生活，也在个人与家庭需求发生矛盾和冲突时，做出正确的应对与选择。父母还要认识到一点，即父母不是孩子的救世主，父母不要总是怀着无私付出的态度对待孩子。家庭关系应该保持平衡的状态，一旦出现巨大的失衡，亲子关系就会陷入糟糕的状态。换而言之，父母要给予孩子，也要给孩子机会对父母付出。虽然孩子能力有限，能为父母做的事情很少，但是他们却可以力所能及地做一些简单的事情，例如画一幅画送给父母，帮助下班的父母拿拖鞋，和父母一起扔垃圾，参与家里的大扫除等。这都会让孩子意识到自己并非只会接受父母的付出，也是可以为父母和整个家庭付出的，从而让孩子认识到自己存在的意义，也积极地创造自己的价值。

  好的父母不但在孩子幼小时给予孩子无微不至的照顾，也在孩子成长的过程中滋养孩子的心灵，充实孩子的精神，丰富孩子的情感，与孩子之间建立平衡而又美好的关系。只有在和谐幸福的家庭中，孩子的良知才能得以发展，孩子也会形成真正的人生观、价值观和世界观。

孩子如何践行爱

很多父母都会有一个发现，那就是在父母的呵护、疼爱中长大的孩子，反而不懂得爱自己、爱父母、爱他人。孩子原本就是在蜜罐子里泡大的，为何会出现这样的情况呢？父母们百思不得其解，其实问题的根源恰恰在于父母给了孩子太多的爱。人的本性就是趋利避害，当孩子习惯于接受父母的照顾，享受父母的爱，那么渐渐地他们对父母的付出就会习以为然。俗话说，升米养恩，斗米养仇，恰恰告诉我们付出要有限度，要适宜。不合时宜的爱、过于泛滥的爱，只会让被爱的人变得麻木，甚至理直气壮地接受爱，而丝毫不懂得感恩。

爱的教育，是父母教育孩子的当务之急。如果一个孩子只知道索取而从来不愿意付出，只知道抱怨而从来不懂得感恩，这样的孩子即使才华横溢，在学习方面出类拔萃，也不能真正成为正常的人。

老子曾经说过，人法地，地法天，天法道，道法自然。那么，

第一章 读懂孩子

什么是道呢？所谓道，其实就是在全宇宙中，在我们的生活中，无处无时不在的生命力。要想教会孩子实践爱，就要让孩子认识到一切之中都有道，都有系统，都有秩序。当然，我们并非强求孩子要心怀博爱，爱世界，爱宇宙，而是要求孩子要懂得感恩，懂得回馈。俗话说，滴水之恩，当涌泉相报。如果孩子从来不懂得感恩，更不愿意回赠他人，那么爱就不再是流转于人世间的活水，而是变成了一潭死水。

周末，妈妈和小宇一起外出游玩。正值阳春三月，公园里游人如织。走到一处地方，小宇发现有个人正在乞讨。这个人看起来并不是残疾，也不年迈，他的面前还摆放着一个牌子，上面陈述了他乞讨的原因。原来，他的孩子得了重病，他平日里也有工作，到了周末就四处乞讨，想要为孩子治疗筹集更多钱。看到这个衣冠整洁的人为了孩子，不惜放下尊严和脸面，做出这么大的牺牲，妈妈感慨道："父母为了孩子总能付出一切。"说着，妈妈掏出五十元钱，让小宇送到乞讨者面前的捐款箱里。

小宇拿着五十元钱，看看妈妈，看看乞讨者，又看看钱，面露迟疑。妈妈静静地等待着小宇，小宇问妈妈："妈妈，为何要捐款给这个人？他并不是乞丐啊！"妈妈蹲下来，看着小宇的眼睛，问小宇："小宇，你觉得孩子生病了，父母是不是很着急呢？"小宇点点头。妈妈又问:"那么,你觉得父母但凡有办法,是否会拼尽全力为孩子治病呢?"小宇又点点头。妈妈对小宇说:"这个叔叔的孩子生病了,他平日里工作赚钱,周六日就出来乞讨,想得到更多的钱给孩子治病。"小宇还是不太理解,妈妈接着说,"如果有一天你生病了,爸爸为了给你治病,一边工作,一边乞讨,你觉得爸爸是不是值得帮助呢?"小宇终于听明白了妈妈的意思,他对妈妈说:"妈妈,这个叔叔真可怜,他的孩子也很可怜。要不,我一会儿不吃冰激凌了,你把买冰激凌的钱也给我吧,我全都送给叔叔。"妈妈感动地对小宇笑了笑,说:"小宇真棒,小宇是个善良的孩子!"说完,妈妈又拿出十元钱给了小宇,小宇拿着六十元钱走到那个人身边,蹲下来,把钱小心翼翼地放入了捐款箱里。

小宇原本不知道如何践行爱,但是妈妈对小宇循循善诱,先是告诉小宇乞讨者所面临的困境,接着又引导小宇换位思考,假设自己是生病的小孩,而爸爸就是那个乞讨者,最终让小宇对乞讨者的处境感同身受,也就不再舍不得捐款了。反之,小宇还把自己吃冰激凌的钱也省了下来,一起捐给乞讨者。

孩子是父母的镜子。如果父母善良,孩子就会很善良;如果父母冷漠,孩子就会很冷漠;如果父母慷慨,孩子就会很慷慨;如果父母吝啬,孩子就会很吝啬。现实生活中,不乏有些父母特别自私小气，不愿意对有需要的人伸出援手，那么在无意识的状态下就会给孩子做出错误的示范，使孩子比父母更加冷酷无情。明智的父母宁愿自己花钱节省一些，也会抓住生活中的各种机会给孩子做好示范，树立榜样。就像上述事例中，妈妈的善举一定会在小宇的心中留下深刻的印象，也会让小宇在为人处世的时候有妈妈作为鲜活的楷模。

在整个宇宙中，一切都要遵循自然的法则。爱，也应该成为孩子的本能之一，这样孩子的人生才会更加精彩，孩子的世界才会更加斑斓。从生命的角度而言，每个生命个体都是流动的，是生命信息的发射器和接收器。孩子既向外释放出生命的能量和信息，也从外界接收生命的能量和信息。当生命代代相传，当爱在人世间与生命间流动不息，我们生存的世界就会更加美好。每一个孩子，都应该成为爱的使者、爱的精灵，带着自己的爱，带着周围的爱，把爱洒满人间。

孩子对生命本源的追问

孩子天性纯真，心无旁骛，所以他们有着天然的"火眼金睛"，能够觉察到世界本来的样子。正是因为如此，人们才会对孩童如此亲近，也愿意听童言童语，还常常说童言无忌。然而，随着不断地成长，孩子的个人需求与所属的群体发生了各种矛盾与冲突，在此过程中，孩子的良知觉醒，开始发展，渐渐地，孩子积累了越来越丰富的社会经验。自此之后，孩子看待世界的眼光就会变得不同。原本，世界在孩子眼中是原色的，现在，世界在孩子眼中却是五颜六色的。这固然让世界变得更加美好，却也会让孩子陷入迷惘之中，开始追问生命的本源。

前文我们说过，每一个生命个体都不可能完全独立地存在，新生命从呱呱坠地开始，就进入了家庭的环境中生活，家庭对于孩子而言就是孩子所属的群体，所以家庭对于孩子的影响是复杂的、微妙的，也是持续变化的、非常深远的。有些家庭里重男轻女的思想很严重，对于男孩看得高高在上，对于女孩则往往不屑一顾，长此以往，即使生活在同一个家庭中，男孩与女孩所生存的微环境也是不同的，他们的成长也会有所不同。有些女孩因为不被长辈和父母疼爱，反而发愤图强，刻苦读书，最终学有所成；而有的男孩尽管出生于贫苦家庭，却因为长辈和父母都对他们骄纵无度，因而他们碌碌无为，一事无成。

当然，在年幼时，孩子的人生还没有完全走上不同的道路。有些孩子尽管年幼，却很擅长察言观色，因而他们会压抑自己的内心，以各种方式表达对家庭的忠诚，只为了换来家庭的和谐。例如，有些孩子很讨厌看到爸爸喝酒，但是他还没有足够的力量制止爸爸喝酒，就只能以自己所能想到的幼稚方式劝说爸爸不要喝酒；有些孩子从小寄人篱下，寄居在亲戚家里，那么他们的性格就会更加敏感，心理也会更加早熟。通常情况下，那些从小生活无忧的孩子更有安全感，也不会过多地关注外部的环境；那些从小就生活在颠沛流离的环境中，过着朝不保夕、食不果腹生活的孩子，则会专注于关注外部环境，想方设法改善自己的生存现状。不得不说，前者更容易体察到世界的本来样子，而后者却会在不知不觉间导致心理发生变化，看到的世界很有可能是模糊或者扭曲的。这种模糊与扭曲会影响孩子的成长，甚至会改变孩子的一生。

生活在这个世界上，每个人都有权利追寻生命的本源。对于孩子而言，随着不断成长，会在经历模糊与扭曲之后，觉察到自己看待世界的方式，觉察到自己正在经历的家族事务，从而放下自己与外部世界之间的阻碍，拥有真正的智慧，参透事物的真相，也活出自己的本相。

既然孩子都在追寻生命的本源，作为父母，我们又该怎么做呢？我们应该看到怎样的事实和真相呢？

太多的父母自以为是，他们自认为生了孩子，养了孩子，所以就有权利对孩子做一切事情。他们把孩子当成自己的私有物或者附属品，而从未把孩子当成独立的生命个体去看待和尊重。当父母误以为孩子只要吃喝不愁就能幸福快乐的时候，孩子实际上正在为这个家做出牺牲，他们并不像表面看上去的那么快乐。当一个妈妈对严重酗酒的爸爸无所作为的时候，她误以为自己是最大的受害者，却没有看到不良的家庭环境给孩子带来的严重伤害。当一个爸爸对孩子望子成龙，恨不得给孩子报名所有的补习班时，他看到的是孩子正在努力学习，却没发现孩子与童年渐行渐远。父母首先要做的就是反思自己，反观自己是怎样爱孩子的，反观自己是否给予了孩子他们所需要的爱与对待。父母只有发自内心地尊重和平等对待孩子，孩子才能在家庭生活中找到归属感，摆正自己的位置，感受到父母给予他们的支持力量。

其次，父母不要认为给予了孩子生命，就是对孩子最大的付出。

孩子并未要求父母生下他们，他们反而帮助父母实现了传承生命的意愿。从古代到现代，生命就是一代代传下来的，不管是父母还是孩子，他们的生命都来自上一代。父母要想让孩子知道感恩，回馈父母，一味地强调自己对于孩子的付出远远不够，明智的父母会以身示范，孝敬自己的父母，从而给孩子树立榜样，让孩子既从父母那里传来生命，也从父母那里传承对生命的敬畏。每一个生命都是一个旅行的周期，在循环往复的旅行中，生命得以延续。一代代的人始终都在感悟生命，也可以说，生命旅行的意义恰恰在于帮助我们深入地感受生命，真心地感谢生命，也真正地珍惜生命。

孩子在探索自己、探索生命的过程中，对于世界的理解也越来越深刻。有些人平庸一生，每天都在懵懂度日，有些人却早早地就认识到生命的意义，因而坚持活出自己最本真的模样，也坚持满怀热情面对自己所看到的本真的世界。这才是真正意义上的生命教育，父母要先对于生命有如此深刻的认知，才能引导孩子踏上生命的开悟之旅。

对于每个人而言，既拥有生命，也对生命感到疏离。这是因为我们在被动地感悟生命。如果我们能够主动地感悟生命，理性地观察自己与客观外物的关系，反观自己与生命的关系，那么相信我们距离真正了解和认知生命的那一天也就不远了。在养育孩子的过程中，父母更应该保持睿智的思考，引导孩子层层拨开生命的真相。

孩子为何会出现各种问题

每当孩子出现各种问题的时候，很少有父母能够理性地先从自己身上寻找原因。绝大多数父母在第一时间就会指责孩子，抱怨孩子，甚至惩罚孩子，这使得孩子身上的真相变得越来越扑朔迷离。前文我们说过孩子是有良知报警器的，当孩子个人的需求和家庭的需求发生矛盾和冲突时，孩子的良知报警器就会被触动。在这种情况下，孩子会出现各种问题，例如生病、情绪反常、行为异常、人际关系糟糕等。那么作为父母，不但要看到冰山一角，还要看到在水面之下隐藏着的大部分冰山，更要意识到孩子之所以出现问题，是因为他们希望通过爱的方式，来承担、替代很多家庭问题，从而让家庭生活趋于和谐与圆满。

太多的父母都很喜欢管教孩子，尤其是在孩子出现各种问题的时候，父母第一时间就会将责任归咎于孩子。父母完全忽略了要换一个角度，看看孩子是否在以他们自己的方式，试图提醒我们关注到什么，看到什么。

最近这段时间，豆豆的行为很反常。正在读小学二年级的豆豆，原本是老师喜欢的好学生，他上课专注听讲，放学认真完成作业，爸爸妈妈也从未为豆豆的学习操过心。然而，这段时间豆豆就像变了一个人。他上课的时候总是如坐针毡，在座位上扭来扭去，还会和前后排的同学以及同桌说话，扰乱课堂秩序。尽管老师已经为此警告豆豆好几次了，还扬言要叫豆豆的爸爸妈妈来学校里反映情况，但是豆豆变本加厉，丝毫不加收敛。

豆豆不但课堂上听讲表现很差，在课后完成作业方面也有了巨大退步。以往，对于老师布置的数学作业，豆豆总是字迹工整，一笔一画，而且能够保证全对，得到老师的"优"评。现在呢，豆豆写作业马马虎虎，写得横七竖八，错误率还很高。老师在几次给豆豆做思想工作，发现豆豆并没有悔改的意思后，忍无可忍，只好打电话请豆豆的爸爸妈妈来学校。老师向豆豆的爸爸妈妈介绍了豆豆的情况，妈妈非常羞愧，欲言又止，爸爸则心不在焉，满脸不耐烦。好不容易等到老师说完了，爸爸当即借口有事情先行离开，妈妈这才对老师说："老师，实在对不起，给您添麻烦了。豆豆的改变，我想是与我们有关系。最近，我和豆豆爸爸正在准备离婚，牵涉很多琐碎的事情，常常争吵，大概也影响了豆豆的心情。"

听到豆豆妈妈所说的情况，老师恍然大悟，他对豆豆妈妈说："你这么一说，豆豆的行为异常就有合理的解释了。家庭突然面临分崩离析的局面，受到最大伤害的不是成人，而是孩子。我想，豆豆一则是因为受到你们的影响无法保持专注；二则是因为想要以这样的方式让你们一起来到学校，说不定还寄希望于你们为了他而不再离婚呢。我建议您，一定要和孩子说清楚家庭的问题，也要告诉孩子你和爸爸都会依然爱他，让孩子有安全感。这样既可以让孩子安心，也可以避免孩子继续采取这样无效的方式进行争取。您觉得呢？"妈妈连连点头，当即表示一定会处理好这个问题。

在这个事例中，原本品学兼优的豆豆之所以表现异常，正是因为爸爸妈妈准备离婚给了他很大的压力，也即将使他的生活发生巨大的变动。成人面对婚姻的变故尚且难以接受，更何况是孩子呢，所以豆豆以这样的方式表达自己的压抑情绪，也试图让父母打消离婚的念头，是情有可原的。

除了行为上的异常表现之外，很多孩子在家庭出问题的时候，还会出现情绪不稳定的情况，变得暴躁易怒，很容易因为一些事情而大喜大悲。作为父母，一定要密切关注孩子的情绪，一定要及时洞察孩子的异常心理，这样才能给予孩子有效的帮助，也助力孩子更快乐地成长。

孩子还小，他们自身的问题往往是非常简单纯粹的，很容易解决，由此这些问题给他们带来的情绪波动也是很小的。只有在家庭出现问题的时候，孩子才会陷入负面情绪之中无法自拔，又因为情绪和行为的相互影响，导致行为也出现很大异常。例如，父亲杀人了，被判处死刑，孩子的情绪就会受到极大影响。此外，他们的生活也会受到很多负面影响，这继而又加剧了孩子心理上的压力。在心理学领域，这样的事例不胜枚举，且已经得到了科学的验证。

还需要注意的是，当家庭出现问题时，孩子们不但会出现行为异常和情绪异常，还会患上身体疾病，例如自闭症、癫痫、发育迟缓等；有些孩子还会出现人际关系方面的问题，例如社交退缩行为、主动攻击行为等，这些行为都可以归结为与他人相处困难。通常情况下，如果父母的相处出现了失衡现象，孩子与他人的交往就会面临失衡的困境。

父母切勿小瞧家庭问题给孩子带来的负面影响。当家庭出现巨大变故的时候，孩子还有可能危害生命。例如，有些孩子以死相逼父母，想要打消父母生二胎的想法；有些孩子以离家出走的方式，抗议父母离婚的打算。孩子做出这些极端的行为，并非突然产生的想法，父母只要在平时多多关注孩子的心理状态，关注孩子的精神与情感，以及行为表现，总能提早捕捉到蛛丝马迹，从而及时帮助孩子恢复良好的情绪。

每一个孩子与父母都有着深厚的缘分,也是命运赐予整个家庭的最珍贵的礼物。父母要把孩子当成一面镜子看待,每当看到孩子身上出现各种问题的时候,就要第一时间反思自己的行为举止,反思整个家庭是否出现了某些问题。在与孩子相处的过程中,父母还要真正地敞开心扉,发自内心地接纳孩子本来的样子。以善于发现的眼睛看到孩子身上的闪光点,欣赏孩子的与众不同之处。当父母真正做到了与孩子一起成长,孩子就会给父母和整个家庭带来更多的惊喜!

第二章　读懂孩子的疾病

家有孩子，父母什么时候最烦恼和焦虑？毋庸置疑，肯定是孩子生病的时候。每当看到孩子被疾病折磨，尤其是问诊之后，也按时吃药了，可是情况却不见好转时，父母往往急得就像是热锅上的蚂蚁团团乱转。他们只知道观察孩子吐了几次、拉了几次、发烧了几次，而从未想过孩子为何生病。要想成为合格的父母，就要善于捕捉孩子通过疾病释放出来的信号，读懂孩子的疾病。

孩子为何会患上多动症

很多孩子生病了。让人感到惊讶的是，他们生病的原因很模糊，既不是生理遗传性的，也不是身体状况不佳导致的。那么，这些疾病是从哪里来的呢？有些疾病从病理学的角度来说是会遗传的，但是有些疾病并不会遗传，甚至在家族中此前根本没有人患过类似的疾病。当孩子患上这样的疾病时，父母要更加关注家族的因素，从精神和情感上分析孩子为何会患病。最终，父母也许会发现孩子就是因为遗传因素而患病的，不同的是，他们不是因为生理遗传因素而患病，而是因为精神或者情感的遗传因素而患病。

曾经有人说，孩子的一切问题都要以原生家庭为切入点进行分析。在这里我们要说，孩子的很多疾病只追溯原生家庭是不够的，甚至还要追溯到爷爷或者太爷爷的那一代人。只有深入挖掘出孩子患病的根本性原因，才能消除深入孩子生命的家族印记，帮助孩子走出疾病的怪圈，消除疾病的困扰。

对于理性的成人而言，他们与整个家族连接的方式也许很简单，即他们会进行思考，反省整个家族中存在的各种问题，也反省自己，从而发现很多真相。但是孩子则不然。孩子还没有能力进行反省，而家族的印记对他们的影响根深蒂固，这就使得他们逃无可逃，又无法面对。这样一来，被逼入绝境的孩子就只能以生病的方式让自己与整个家庭连接起来，这样的连接往往是令人不愉快的。也许迷雾掩盖了真相，但是我们却不能放弃追求真相的权利。当发现孩子莫名其妙地生病，或者看到孩子虽然接受了对症的治疗，症状却没有明显缓解时，父母就要关注家庭了。

佳佳从小就沉默寡言，很少主动与人说话。他仿佛活在自己的世界里，每时每刻都在忙碌着做自己的事情，而对身边的人在说些什么、做些什么漠不关心。佳佳从刚出生就被送到爷爷奶奶家里，直到上小学一年级时，才被父母接到身边。原本，父母以为佳佳很开心，因为他终于和父母团圆了，在学习方面也会非常努力，结果一切都让父母大跌眼镜。和父母团圆，佳佳并没有父母预想的那么开心。小学才刚刚开学几天的时间，老师就好几次打电话给佳佳妈妈，说佳佳上课的时候完全不听指挥，随意离开座位，对于老师的任何话都充耳不闻。妈妈原本以为佳佳只是因为年纪小，很调皮，又因为初次到城市里生活，对于所有东西和所有事情都感到新鲜。

但是妈妈想错了。在一连半个月,每天都被老师电话请到学校之后,妈妈这才意识到佳佳严重异常。在老师的建议下,妈妈当即带着佳佳去问诊。最终,佳佳被诊断为患有多动症。妈妈百思不得其解,不知道事情为何会这样。

因为在医院里接受治疗的效果不好,所以妈妈带着佳佳来到了我的工作室。她认为,如果佳佳对症下药之后治疗的效果这么差,那么佳佳很有可能出现了心理问题。听到妈妈介绍了佳佳的情况,我问了佳佳妈妈一系列问题:"孩子的爷爷奶奶关系怎么样?经常吵架,甚至是打架吗?""你和你丈夫的关系怎么样?你们在教育孩子方面能统一战线吗?"对于我的第一个问题,妈妈毫不迟疑表示肯定。对于我的第二个问题,妈妈明显有些犹豫。

我在综合评估佳佳的情况之后,说:"这个孩子的多动症,与你们家族里夫妻关系普遍不和睦有关系。他从出生就和爷爷奶奶在一起生活,目睹爷爷奶奶吵架、打架。到了你和爸爸的身边之后,又目睹你和爸爸吵架、打架。有的时候,一个人让他往东,另一个人让他往西;一个人告诉他要这么做,另一个人又告诉他要那么做。结果,他犹豫不决,根本无法下定决心如何去做,渐渐地就失去了生命的秩序。"妈妈认为我说得很有道理,感慨地说:"我想,我们夫妻关系不好,也是因为我的丈夫受到了他父母的负面影响。"我建议妈妈带着佳佳回到爷爷奶奶身边,让佳佳感受到爷爷奶奶的统一和谐，也感受到爸爸妈妈的统一和谐。在两代人的家庭都经过一番调整之后，佳佳的多动症明显好转。

很多父母想当然地认为，孩子年幼无知，对于家庭的状况根本无知无觉。其实，这样的想法大错特错。孩子非但能够敏锐地感知到家庭的状况，而且他们的身心都会因此而呈现出一定的改变。很多时候，孩子之所以生病，就是因为家庭状况出现了问题。

每当遇到这样的情况，父母要做的不是急于帮助孩子消除行为上的异常，缓解疾病的表现，而是要调整那些真正在影响孩子的家庭因素。也有些父母和长辈都很惧怕改变，他们此前从未接触过类似的教育理论，也拒绝承认因为自身的原因给孩子带来了多么大的困扰和多么严重的伤害。如果父母和长辈总是执迷不悟，那么孩子的疾病就会越来越严重，至少很难好转。

在这个世界上，万事万物都处于发展和变化之中，不管是作为独立生命个体的人，还是作为社会基本单位的家庭，都应该保持与时俱进的姿态，持续地进步，持续地成长。唯有父母和长辈正确认识到孩子患病的原因，孩子才算没有白白饱受疾病折磨的痛苦，所有家庭成员的苦苦探索才有了意义。如果父母和长辈一次又一次无视孩子生病的真实原因，那么孩子即使这一次生病好了，未来也依然会经常生病，给自己和家庭都带来烦恼。

正如蒙台梭利所说的，孩子有其内在的秩序。其实不仅仅是孩子，一切事物都有其内在的秩序，例如家庭、社会。孩子要想健康快乐地成长，就要让自己真正融入家庭生活中，就要让自己的个人秩序与家庭秩序和谐一致，这样才能爆发出强大的生命力量，也才能如愿以偿地真正成长起来。

综上所述，当发现孩子无缘无故地生病时，父母一定要透过现象看本质，透过孩子生病的表象看到在家庭生活中，到底谁在真正生病。也许，孩子只是在以疾病提醒父母家庭生病了，或者只是在以疾病告诉父母家里的某个人急需帮助和有效的治疗。那么作为父母和长辈，任何时候都不要讳疾忌医，不要试图逃避承担责任。每个人都要勇敢地面对生命，勇敢地面对成长，勇敢地面对自己有意或者无意间犯下的错误。

关注孩子本身，而非只关注疾病

说起生病这件事情，大多数人都会想起一句俗语，即人吃五谷杂粮，哪有不生病的呢！这句俗语安慰了很多饱受疾病折磨的人，但是作为父母，却不愿意用这句话来安慰自己，更不可能用这句话消除自己因为孩子患病而焦虑不安的心情。每当孩子生病时，最紧张、最焦虑的就是父母，甚至有些父母在孩子生病之后，自己也会很快生病，这都是因为他们在孩子生病期间心力交瘁导致的。其实，在成长的过程中，孩子生病是正常现象，父母无须过度担忧。作为父母，要更关注孩子的本身，而不要被疾病阻碍了理性思考，更不要被疾病一叶障目。

遗憾的是，大多数父母在看到孩子因为患病而出现各种身体症状时，最关心的就是孩子的身体症状。如果孩子感冒了，那么父母会关心孩子的嗓子是否发炎红肿，导致食不甘味，也会关心孩子是否因为炎症而发烧，烧到多少度；如果孩子得了胃肠炎，那么父母会关心孩子吐了几次、拉了几次，是否出现脱水的症状，饮食情况如何；如果孩子得了腮腺炎，那么父母会关心孩子的脸颊肿胀情况如何，是否能够正常地饮食，如果不能正常饮食，又是否需要补充养分……总而言之，绝大多数父母都理所当然地认为孩子既然生病了，一定是因为身体出现了不适的状况，这样也就在不知不觉间忽略了其他因素对孩子健康状况的影响。

实际上，我们可以根据原因对疾病进行划分：第一类疾病是遗传疾病，顾名思义，遗传疾病是遗传得来的，是先天性的；第二类疾病是身体方面的不适，往往是因为生活习惯和饮食习惯不当造成的，例如因为着凉而感冒；第三类疾病是性格因素导致的，例如很多人都认为癌症是心因性疾病，与人的性格有很大关系；第四类疾病是心理因素导致的，例如抑郁症就是因为心理抑郁而引起的实质性疾病……除此之外，还有些疾病与社会环境、生存状态、平衡之道等都密切相关。很多科学家都深入研究了前两种类型的疾病，作为普通人，我们只要坚持健康的生活方式，就能有效地避免生病。例如，要坚持健康的生活方式，具体来说要保持规律作息，摄入全面均衡的营养，坚持低油脂低盐分的饮食习惯等。但是也有一些人明知道有些生活方式会损害健康，却依然乐此不疲，这是因为受到家庭生活环境的影响，一时之间无法改变根深蒂固的饮食习惯，或者家庭生活中掌勺的人已经养成了不良的烹饪习惯，无法撼动。为了让自己获得家庭归属感，这些人就不得不继续盲从，否则一旦被其他家庭成员排挤，就会感到无所适从。

从这个意义上来说，很多疾病不管是起源于遗传因素、生活方式，还是起源于心理因素等，实际上都与家庭生活有摆脱不了的关系。因而要想透过疾病看到孩子，要想真正地关注孩子本身，父母就要透过这些浮于表面的因素，洞察孩子的内心，真正做到关注孩子。

马克刚刚出生的时候非常健康，白胖可爱，深得父母的疼爱。但是随着马克渐渐长大，在马克一岁多时，妈妈无意间发现马克身上长出了一些白斑。原本，妈妈以为这只是很好治疗的皮肤病，却没想到这是遗传性白癜风病。经过一番查实，妈妈才知道马克的爸爸患有白癜风，但是症状轻微，不很明显。妈妈懊悔不已，责怪自己在结婚前没有了解马克爸爸的全面情况，所以才会给马克造成这么大的痛苦。接下来的日子里，妈妈愤怒地和故意向她隐瞒实情的马克爸爸离婚了，一个人带着马克生活，还出售了房产，打听各种偏方，带着马克前去治疗。

然而，很多道听途说得到的消息并不确凿，在三年多的时间里，妈妈花光了自己所有的钱，但是马克的白癜风症状却并没有明显好转。眼看着马克已经五岁多了，妈妈非常发愁，很担心马克会因此而感到自卑，不敢和小朋友们一起玩。有一次，妈妈得知在山区里有一位高人，能用中草药治疗好白癜风，因而决定再次向亲戚朋友们借钱，最后再做一次努力。果不其然，这一次，妈妈和马克还是失望而归。他们筋疲力尽地回到家里，妈妈再也无法承受巨大的压力，忍不住号啕大哭起来。这个时候，马克走过去抱着妈妈，说："妈妈，你不爱我了吗？我想去幼儿园上学，我想和小朋友们一起玩。"

听到马克的这句话，妈妈如同醍醐灌顶：这几年来，我带着孩子四处治病，辞掉了工作，把所有的钱都用于治病，从未带孩子吃过一顿好吃的，更是很少给孩子买衣服，从未带着孩子去旅行。即使出门，也是为了去看病。我都做了些什么啊？马克现在还小，对于自己的病不那么介意，也许有朝一日马克长大了，他也依然会对自己的病很难释怀呢？想到这里，妈妈决定不再只盯着马克的病，而是要给马克正常的快乐的童年。

当得知孩子的病不能完全治愈时，哪怕是并不会危及生命的白癜风，妈妈也会盯着病不放，只想与病较劲。在这个过程中，孩子渐渐地被忽视，疾病上升到比孩子更加重要的地位。作为父母，得知孩子生病之后，一定要及时调整好自己的心态，切勿先于孩子就彻底崩溃了。

孩子还小，他们需要依赖父母生存，需要得到父母的呵护与照顾，在遇到看似过不去的坎儿时，他们更是需要父母的支持和帮助。作为父母，固然要积极地为孩子寻求有效的治疗，却也要看到孩子是独立的生命个体，孩子有自己的思想和灵魂，孩子也有自己的需求。一直以来，教育学家都号召父母要把孩子当成一个独立的生命个体去看待，要把孩子当成一个完整的生命个体去对待。这就是要求父母要看到孩子的全貌，不管孩子面对怎样的情况，父母都要看到整个儿孩子。

如果父母把孩子当成病人，孩子就更是会把自己当成病人。如果父母从不认为孩子只是病人，而是认为孩子和所有健康鲜活的生命一样，有权利感受幸福，有权利创造自身的价值，那么孩子的成长、孩子的人生就不会被疾病困顿住。不要再把疾病当成挡在孩子面前的一张面具了，从现在开始，请为孩子取下这张面具，看到孩子真正的面孔吧，你会发现孩子的美，你会发现孩子的独特，你也会感受到孩子蓬勃的生机与朝气，更是会给予孩子前所未有的信心，让孩子能够全力以赴地成为他自己！

让爱在孩子的心中流通

前文，我曾经阐述了家庭作为一个系统，对孩子的成长造成的各种影响。在这些影响之中，既有好的影响，也有坏的影响。其实，不仅家庭会影响孩子成长，社会系统同样是孩子赖以生存的环境，也会对孩子造成影响。正如古诗云，不识庐山真面目，只缘身在此山中。大多数情况下，我们很难觉察到家庭和社会对我们的影响，这是因为我们从出生就生存在这样的集体环境中，所以集体观念、集体习惯，对我们的影响都是于无形中渗透的，而不会以显而易见的方式进行。

说起集体意识对我们的影响，中国几千年来的发展中，重男轻女的封建思想给人带来的毒害是最严重的。时至今日，文明高度发展，仍然有很多人重男轻女的思想根深蒂固。有些人呢，虽然已经认识到重男轻女的思想对女孩是不公平的，对于社会发展而言已经不合时宜，却依然会无意识地盲从群体的观念。最明显的事例就是，

第二章 读懂孩子的疾病

很多女性虽然曾经因为重男轻女的思想深受其苦，却依然以这样的方式对待自己的孩子。

作为家里的姐姐，雅琪心中非常痛苦。从小，爸爸妈妈就特别偏心疼爱弟弟，家里有什么好吃的、好玩的，都要先给弟弟。当时，雅琪心中充满了对爸爸妈妈的恨意，她尤其怨恨妈妈，因为她想不明白：妈妈也是女生，为何不喜欢我呢？在对爸爸妈妈的疏离中，雅琪一天天地长大了。她从来没有感受到快乐，因为抑郁情绪始终郁积于心。她还患上肥胖症，整个人显得特别阴郁。

一个偶然的机会，雅琪参加了心理讲座，知道自己被重男轻女的思想残害了。她想到要把妈妈带来我的工作室里咨询，因为她始终想让妈妈看到她，尊重她。在雅琪的不懈努力之下，妈妈终于同意和雅琪一起来我的工作室。看到雅琪和妈妈，我当即询问妈妈："请问，您有兄弟姐妹吗？您的父母对您好吗？"我话音刚落，妈妈的眼眶就红了。她说："我上面有两个姐姐，下面有一个弟弟。我在家里排行老三，完全是多余的。我的父母严重地重男轻女，否则他们也不会在生下三个女儿之后，又生下弟弟，才善罢甘休。"我继续问道："那么，您认为重男轻女好不好？"妈妈当即把头摇得和拨浪鼓一样。我又说："那么，您觉得您在女儿和儿子之间，是否有所偏袒呢？"妈妈陷入了沉思，很久都没有说话。

35

过了许久，妈妈才说："我的心脏一直不是很好，我想，我终究是要靠着儿子的。女儿嘛，一旦有一天出嫁了，很难得才会回到家里看一看，是指望不上的。我们自己也是这样，我和两个姐姐出嫁之后，父母一直跟着弟弟生活，虽然弟弟对待他们并不好，他们也无从选择。"

听到这句话，雅琪的情绪明显激动起来。我转而询问雅琪："雅琪，你作为女儿，想过等到出嫁之后就不管爸爸妈妈了吗？"雅琪摇了摇头，说："我会比弟弟更加孝敬爸爸妈妈。就算弟弟不管爸爸妈妈，我也不会对爸爸妈妈袖手旁观的。"我继续引导雅琪："不要和弟弟比，你只要想好自己会怎么做就行。如果你总是把自己和弟弟比，那么其实你在潜意识里还是认为女孩不如男孩。"我的话让雅琪恍然大悟，她这才知道自己一直以来错在了哪里。

雅琪再次陷入沉思，片刻之后，她继续说道："爸爸妈妈生养了我，我有责任照顾爸爸妈妈。就算不能和爸爸妈妈住在一起，我也会尽到作为孩子的责任。"听到雅琪这么说，妈妈的眼眶红了。我趁此机会告诉妈妈："现代社会，男女平等。在此前的农业社会中，男性的确因为体力强健而占据优势。但是现在已经进入工业社会，很多曾经需要人力完成的事情现在借助于机器就能完成得很好，所以您无须担心女儿生活得不如儿子。而且您也亲耳听到了，您的女儿会非常孝敬您，也会竭力照顾您的。"在我的开导下，妈妈和雅琪终于尽释前嫌。得到了妈妈的重视与疼爱，雅琪不再郁郁寡欢，她的心情越来越舒畅，体重都神奇地减轻了。妈妈呢？一直以来活在对自己父母的怨愤中，现在意识到父母也是有苦衷的，所以不再抱怨父母，身体的情况也大大好转了。

人，如果有心结，就会导致内心被淤积的情绪阻塞，日久天长，不仅情绪会出现各种问题，身体也会状况百出。

一直以来，重男轻女的思想对整个社会和很多人的影响都是根深蒂固的。尤其是在经济落后的农村地区和山村地区，很多孕妇一旦得知肚子里怀的是女孩，就会抱怨自己的肚子"不争气"，甚至还会采取措施剥夺胎儿的生命。这样的妈妈对于性别看得异常重要，她们既否定了自己，也否定了自己的孩子。如果胎儿"侥幸"出生，在这样重男轻女的家庭氛围中成长，他们就会形成低价值感，也会误以为自己的存在毫无意义。等到终有一日长大成人，他们会把自己看得很轻，导致在与丈夫相处的过程中特别卑微，夫妻关系也因此而失去平衡。不得不说，这注定了又将会产生一个被重男轻女思想毒害的家庭。如此负面循环，整个家庭的气氛都会糟糕透顶。

有些女孩从小就被轻视，在家庭生活中没有地位，得不到父母的尊重和认可，这使得她们想方设法地努力拼搏，想让自己和男人一样变得非常强大。长此以往，她们就会产生性别错位，正是因为如此，原本应该非常温柔的女性才会和男性一样充满了阳刚之气，不管是在生活中还是在工作中都发誓要与男性一较高下，绝不轻易认输。这样紧绷的状态，使得女性患上了各种女性疾病，例如因为情绪波动异常导致出现乳腺增生，因为始终郁郁寡欢导致患上子宫肌瘤、卵巢囊肿等。

那么，男性就能从重男轻女的思想中获益吗？当然不能。在一个重男轻女的家庭中，男孩从小就得到父母无微不至的照顾，他们在家中占据一切优势资源，享受得天独厚的便利条件，因而养尊处优，任性霸道。然而，等到有朝一日走出家庭，走入学校，或者走上社会，他们的优越就不复存在，这会使他们产生巨大的心理落差，有些男孩还会因此而彻底自暴自弃，根本不能养活自己。

从现在开始，父母要彻底改变重男轻女的思想，孩子也要摆脱重男轻女思想对自己产生的负面影响。有些女孩潜意识里认为自己不如男孩，有些男孩潜意识里认为自己比女孩优越，父母一旦发现孩子们出现不好的思想倾向，就要及时引导孩子，教育孩子，让孩子对于自己的生存现状有更客观和理性的认知。当父母和孩子一起努力，彻底战胜了重男轻女的思想，那么相信一切都将会大有改观。

关注孩子内心的创伤

孩子的皮肤或者是肌肉受到了伤害，父母一眼就能看到，也会因此而感到万分紧张。然而，如果孩子的创伤不在表面，而是在内心深处，那么父母又是否能看到孩子的内心创伤，重视孩子的内心创伤，也给予孩子及时的帮助和疗治呢？显而易见，大多数父母都做不到这一点，这不是因为他们不爱孩子，不愿意帮助孩子，而是因为他们完全忽略了孩子的内心创伤，也压根没有发现孩子因为内心创伤承受的痛苦和压力。

近些年来，随着社会经济的发展和文明的进步，对于心理方面的问题，人们日渐关注。每当社会生活中突然发生一些严重的事故后，总有心理学家和心理治疗团队关注人们的应激反应，也会主动地伸出援手，帮助那些留下严重心理创伤的人。例如，有些国家发生了战争，有些国家发生了恐怖袭击事件，有些地区发生了地震，有些地区发生了核泄漏事件。在巨大的天灾人祸面前，人类的力量都是特别渺小的。那么，对于孩子来说，如果并没有经历这样的社会重大事件，而是因为经历了一些对自己而言特别重要的事情，导致产生心理创伤呢？没有专业的人士会关注到孩子的心理状态，作为父母就要特别关心孩子的心理健康和情绪健康状态，如此才能及时向孩子伸出援手，也才能真正地帮到孩子。

前文我们曾经说过，孩子是父母的镜子。其实，孩子不仅是父母的镜子，也是家庭生活的镜子，还是家族系统的镜子。不管是在父母身上，还是在家庭生活中，抑或是在家族系统里发生了问题，在孩子的身上都会得以显现。

一直以来，静静与爸爸的关系都剑拔弩张。爸爸将其归结为静静是小小的叛逆者，从小就特别有主意，不愿意听从父母的指挥，静静则将其归结为爸爸太过强势，不管做什么事情都希望家人服从命令。就这样，父女俩针尖对麦芒地生活着，妈妈则一直充当救火员的角色，只要看到爸爸和静静有可能爆发冲突，就赶紧出来救火，把他们分开。

转眼之间，静静长大了，开始读大学了。她主修心理学专业。有一次，我的工作室举行公益活动，开办了心理讲座。在讲座中，我说到很多家族里的历史事件都会对后面几代人产生影响。听到我讲的内容，静静感到很困惑。讲座结束后，静静追上我，请教自己与爸爸不和的问题。我并没有从爸爸和静静的性格角度来分析问题，反而询问静静家族里有没有发生过不幸的事情。静静想了想，迟疑地说："当年我奶奶感到身体不适，我爷爷让奶奶去医院里问诊，我奶奶心疼花钱，总是拖延。最终，我奶奶虽然去了医院，却被诊断为食道癌晚期，才一个月人就没了。"我当即想到静静与爸爸的关系与爸爸和爷爷的关系密切相关，因而又问："当时，你爸爸多大？"静静沉吟着说："我爸爸应该正在读初中。"

我恍然大悟，告诉静静："正在读初中的男孩，突然之间失去了母亲，可想而知这件事情对他的冲击多么大。他深刻认识到如果你奶奶能听从你爷爷的话，早一些治疗，说不定就不会死了。正是因为如此，他才会在不知不觉间扮演起你爷爷的角色，希望督促全家人都及时做好该做的事情。那么，你呢？你认为你奶奶的死可以避免吗？"静静毫不迟疑地摇摇头，说："我奶奶被诊断出患了食道癌之后，才一个月就去世了。这说明我奶奶的食道癌早就进入晚期了，就算早几个月去看病，也只能再延续很短的生命，而不会对结果起到决定性的影响。"我说："看看吧，这就是你和爸爸的分歧所在。你爸爸认为你奶奶完全可以活下来；你却认为你奶奶即使听从爷爷的话，也根本不可能活下来。所以你们俩一直在因为这个问题而较劲呢！"静静恍然大悟。

在我的开导下，静静认识到爸爸当年才上初中就失去了挚爱的母亲，受到的情感创伤是很大的，而且内心深处一直在懊悔自己为何没有挽救母亲的生命，所以始终不愿意原谅自己。静静知道了爸爸的心结，也知道了应该如何与爸爸相处，她改变了对待爸爸的模式，果然，她与爸爸之间的关系大大缓解，他们父女之间的感情也越来越深了。

近些年来，人们对于原生家庭日益关注，也认识到很多人的心理问题根源就在于原生家庭中。这是好现象，至少说明人们开始关注看不见的创伤了。早期生活经历，特别是原生家庭对个人性格起着至关重要的作用，甚至会决定个人的一生幸福。

除了家庭遭遇重创会使孩子内心留下创伤之外，很多社会性的事件都会导致创伤的产生。例如，很多人在经历了第一次世界大战之后，多少年都被战争的阴影笼罩着，无法摆脱，无法痊愈。

对于孩子而言，冲突是不可避免的。即使幸运地从来没有经历过社会性创伤，在漫长的人生中，人们也难以避免地要面对各种冲突。既然冲突不可避免，我们所要做的就是从冲突里学会成长，学会调适自己。

很多人都爱情不自禁地从主观的角度出发思考问题，以自己的利益为出发点评判他人，这就使得矛盾和冲突更加不可调和。要想与外界建立良好的关系，和谐共生，正确的做法就是改变自己，缩小与他人之间的距离，彼此努力，最终达成共识。这就像是在夫妻生活中，如果夫妻之间谁也不愿意向谁妥协，每一方都固执己见，甚至不遗余力地指责对方，那么夫妻关系最终会濒临破裂。举个简单的例子，丈夫爱吃辣味，每次做菜都很辣；妻子爱吃甜食，每次做菜都很甜，这就导致每当轮到丈夫做菜时，妻子觉得无法下咽；每当轮到妻子做菜时，丈夫觉得无法下咽。日久天长，这个饮食习惯的问题很有可能使婚姻分崩离析。换一个角度考虑问题，换一种方式处理问题，爱吃辣味的丈夫做甜味的菜给妻子吃，爱吃甜食的妻子做辣味的菜给丈夫吃，结果他们互相理解，互相体谅，互相关爱，最终口味融合，彼此包容，关系就会越来越融洽，感情也会越来越深厚。

在家庭生活中，父母要以整体原则为解决冲突的方针，以正确的方式为孩子示范怎样才能处理好矛盾与冲突。不管是在家庭生活中，还是在社会生活中，每个人都要懂得接纳和包容的智慧，在必要的时候都要超越个人的层面，进入整体的层面。对于孩子而言，不要因为成人之间的矛盾和冲突让自己受到影响，否则就会情不自禁地以裁判官的角色面对一切矛盾和冲突。即使家族生活中有一些不愉快，或者在社会性灾难中受到了伤害，孩子也要学会尊重历史，接纳历史。每个人的人生都会有遗憾，所谓的加害者很有可能只是我们想象中的产物，从某种意义上来说，在清官难断的家务事中，受害者与加害者并不能明确地加以确定。当孩子真正地从个人视角转换到集体视角,当孩子真正地从以个人利益为主转换到以整体利益为主,那就意味着孩子真正长大了,真正成熟了。

孩子的常见疾病

看到这里,很多父母也许都会感到着急,因为既然已经明确了导致孩子身患疾病的因素很多,那么接下来我们就要看一看孩子到底会因为哪些具体的因素患上特定的疾病,从而指导我们根据孩子的情况做出正确的应对。

第一种疾病:多动症。

孩子为何会患上多动症呢?究其原因,孩子的身体内部充满了能量,因而不能长久地保持安定,这使孩子不够专注,注意力常常分散。也有些孩子是因为受到了家庭生活中的多头管理,所以也会感到无所适从,这与父母对孩子的管教不能达成一致密切相关,也与父母之间的关系紧张,常常爆发争吵和斗殴有关,因为家庭生活的不和谐同样会导致孩子无法集中注意力。

要想避免这种情况的出现,从婚姻关系的角度来说,父母要避免当着孩子的面争吵,要给予孩子更多的关爱和帮助。特别是当针对孩子的教育问题产生分歧的时候，切勿当着孩子的面争论，而是可以背着孩子达成一致，再对孩子展开教育。在日常教养孩子的过程中，切勿分散孩子的注意力。当发现孩子正在专注地做某件事情的时候，除非事情紧急，否则不要打扰孩子，不要扰乱孩子的专注。长此以往，父母始终坚持有意识地培养孩子的专注力，孩子的专注表现就会越来越好，多动症的表现就会大大得以缓解。

第二种疾病：哮喘。

很多父母都为孩子常常犯了哮喘的毛病而担惊受怕，毕竟人活一口气，而哮喘恰恰关系到孩子的呼吸情况，因而对于孩子的生命安全是至关重要的。那么，孩子患上哮喘，与家庭生活或者家族系统中的哪些情况有关呢？通常情况下，那些受到过重大创伤，或者在小时候受到过惊吓的孩子，更容易患上哮喘。

为了避免孩子患上哮喘，父母要保护好孩子，避免孩子受到重大创伤。当伤害不可避免地发生时，父母要及时关注孩子的心理健康，给予孩子心理和情感上的安慰，抚平孩子心中的创伤，这对于孩子尽快恢复正常的心理状态是很有好处的。此外，在教养孩子的过程中，尽量不要让孩子受到惊吓。有些父母不知道孩子原本都是很胆小的，在和孩子嬉笑打闹的过程中丝毫没有把握限度，常常会吓得孩子失声大哭或者惊声尖叫，殊不知，这样的举动给孩子造成的伤害是很大的,也是难以消除其严重后果的。

第三种疾病:躁郁症。

所谓躁郁症,用心理学名词来说,就是双相障碍。孩子之所以会患上躁郁症,是因为他们在家庭生活中面对着不能承受的生命之重,因而情不自禁地想要逃避,想要躲藏起来。在此过程中,他们又会进行不切实际的幻想,认为自己是无所不能的,既能够勇敢地面对一切难题,也能够圆满地解决所有问题。在此过程中,他们沉湎于过去感到抑郁,无限畅想未来又会感到亢奋。当这样极端的两种情绪同时出现在孩子身上时,孩子就会呈现躁郁状态,产生双相障碍这种疾病。

为了避免孩子患上躁郁症,父母要引导孩子面对自己的各种情绪,接纳自己的各种情绪,理解和感受自己的各种情绪,在此过程中学会与自身的情绪和谐共处。每个人都会有各种各样的情绪,在漫长的生命历程中,我们将会感受到百种滋味和万般情绪,这都是人生中的正常现象。一个人,唯有真正悦纳自己,才能做到爱自己,爱他人,爱世界,也才能梳理自身的情绪,拥有更好的人生状态。

第四种疾病:过敏。

很多孩子都会有过敏的情况出现,这未必是因为他们真的对某些东西过敏,诸如某种食物,或者是某种花粉。当孩子对于家庭或者是家族生活中发生的事情感到难以接受时，就会出现过敏的情况。所以如果孩子出现了不明原因的过敏，父母要帮助孩子缓解紧张焦虑的状态，这样就能避免过敏发生。

第五种疾病：精神分裂。

当两个人朝着完全相反的方向撕扯一块布，结果会如何？这块布也许一开始还足够结实，并没有断裂，但是随着时间的推移，积累的力量越来越大，这块布也渐渐地腐朽了，那么相反的力道很容易就能把布撕裂。精神分裂的家庭原因正在于此。通常情况下，那些出现精神分裂症状的孩子，都受到了两股不同能量的作用力，因而导致内部严重分裂，最终形成了对立的局面。

为了避免孩子出现精神分裂的症状，父母要关注孩子的心理状态，切勿让孩子在崩溃的边缘徘徊。必要的时候，宁愿先认可孩子错误的观点，也不要让孩子走向分裂。

第六种疾病：厌食症。

很多孩子都有厌食的表现，却没有严重到厌食症的程度。也有些孩子发展到了厌食症的程度，因而他们出现饮食异常，或者暴饮暴食，或者暴饮暴食之后催吐，或者完全拒绝进食。显而易见，这将会严重威胁孩子的生命，使孩子的生命面临危险。通常认为，孩子患上厌食症，与爸爸有一定的关联性。有些孩子为让爸爸多陪自己一会儿，就会出现厌食行为，并且想以这样的方式挽留爸爸。

为了让孩子有平和的情绪进食，在家庭生活中，爸爸和妈妈要维持良好的关系，要保持积极乐观的心态，要热情地拥抱生活。父母是孩子最好的老师，也是孩子最好的榜样。当父母爱自己，爱对方，也爱孩子，孩子就会对生命燃出更多的热情，也会真正地拥抱生命，热爱生命。

第七种疾病：自闭症。

很多孩子性格内向，原本就很沉默寡言，这与自闭症是完全不同的。患有自闭症的孩子，因为承受着家族系统中不可告人的秘密，所以只能封闭自己的心灵，阻断自己与外界的交流，使自己对于家族的理解越来越少。看到这里，有些父母也许会感到疑惑，因为孩子还很小就患上了自闭症，这又是为什么呢？不得不说，记忆是有遗传性的。有些孩子从一出生就遗传了记忆，因而把自己封闭在小小的世界里，与世隔绝。

为了避免孩子患上自闭症，家庭生活应该开诚布公，家庭成员之间应该真诚坦率。如果孩子已经患上了自闭症，那么父母一定要花更多的时间和精力陪伴在孩子身边，因为爱是滋养孩子心灵的最好养料，陪伴是打开孩子心灵的唯一钥匙。

除了上述这七种疾病之外，孩子还有可能患上其他类型的疾病，例如抽动症等。不管孩子患上了哪种疾病，父母都不要把这种疾病单纯地看作疾病，也不要因为疾病的遮挡就看不到孩子的存在。在一切形式的家庭教育中，父母都要坚持以人为本，都要给予孩子更多的关爱，为孩子营造充满爱与自由的环境，这样孩子与父母之间才能亲密无间，相依相伴，父母也才能洞察孩子所患疾病的真相，争取从根本上彻底地解决问题。

第三章　读懂孩子的行为

很多父母对于孩子的行为都不甚理解，每当孩子做出让父母惊讶的事情时，父母除了惊讶地表示赞许，或者震惊地表示惩罚之外，似乎别无他法。读懂孩子的行为是至关重要的，唯有如此，父母才能透过孩子的行为表象，了解孩子深层次的心理，也才能有的放矢地引导孩子，帮助孩子顺利成长。

家庭排序对孩子行为的影响

在多子女的家庭中，父母往往会因为孩子截然不同的表现而感到纳闷。他们无论如何也想不明白，孩子们都在同样的家庭环境中成长，拥有同样的父母，接受相同的教育，为何最终会变得截然不同呢？这么想的父母一定没有意识到，在家庭生活中，家庭的排序也会对孩子的行为造成影响。俗话说，老大傻，老二精，家家有个坏老三。意思就是说老大是非常憨厚的，老二则很精明，老三则很狡猾奸诈，因而以"坏"著称。这句话充分说明了有些父母尽管没有明确意识到家庭排序对孩子行为的影响，却已经真切地感觉到在家庭生活中不同排序的孩子，表现也各不相同。

如果家里有两个孩子，那么父母们会发现作为老大的孩子在老二年幼时期，有可能出现行为倒退现象。这是因为他们很想像老二一样得到父母更多的关注和无微不至的照顾，因而他们在潜意识里拒绝长大。那么，作为老二的孩子呢？他们常常会得到哥哥姐姐们的旧衣服和旧玩具，也因为年纪还不够大，所以不能坐在副驾驶的位置上，被禁止玩一些危险的游戏，而只能眼巴巴地看着兄弟姐妹们玩个痛快。总而言之，这一切都糟糕极了。老大为老二得到特殊优待而愤愤不平，老二则为老大拥有很多特权和能穿新衣服、玩新玩具而觉得不公。

面对这种情况，作为父母又该怎么做呢？不要指责老大或者对老二喋喋不休的抱怨感到不满，当务之急是给予老大更多的关注，也帮助老二接受自身能力不足的现状。在很多小孩子的心目中，大人都拥有神奇的魔力，他们甚至认为自己的生活总是凄风苦雨，而大人的生活却是阳光明媚，因为大人无所不知，无所不能。实际上，很多成人都为自己的能力不足以解决所有问题感到困惑和懊恼，尤其是当生活的现状让他们抓狂时，他们更是会陷入沮丧之中。每当这时，成人完全忘记了所有人都要通过犯错误的方式才能不断成长。面对教育孩子的很多难题和所面临的困境，成人同样如此。在这个世界上，没有人是无所不能的，每一个父母都要认识到这一点，而且要教育孩子认识到这一点，这很重要。

作为三个孩子的妈妈，朱丽娜每天重要的事情之一就是充当救火员。大女儿莉莉总是在喊叫："看呀，弟弟……看呀，妹妹……"小儿子总是在叫唤："妈妈，妈妈，为什么姐姐可以，我却不能……"对此，朱丽娜也不知道应该如何解释，她总是粗暴地说："莉莉，你就不能让着弟弟妹妹一些吗？"又会对小儿子说，"宝贝，你不要总是跟姐姐们相比，你还小呢！姐姐们都比你大。"每当听到妈妈这么说，大姐姐和小弟弟都很沮丧。

有一天，家里来了客人。妈妈忙着做饭，所以孩子们和往常相比得到了更大的自由。他们玩得开心极了，恨不得把屋顶掀翻。等到妈妈终于做完饭菜，才发现玩具室被孩子们弄得乱七八糟，最重要的是，地上还洒了很多牛奶和麦片。牛奶和麦片混合在一起，弄得到处都黏糊糊的，简直惨不忍睹。妈妈抓狂地喊道："莉莉，你马上给我把玩具室打扫干净，否则就不要吃午饭了。"对于妈妈的训斥，莉莉感到非常委屈，她撇着嘴巴说："但是妈妈，这不是我弄的，是小弟弟弄的。"妈妈以毋庸置疑的语气命令莉莉："我不管是不是你弄的，作为姐姐，你就不能帮我照顾一下弟弟和妹妹吗？你，现在、立刻、马上，把地面收拾干净。"

莉莉看到妈妈火冒三丈，不敢继续狡辩，当即开始收拾地面。她眼睛里噙满了泪水，感到万分委屈。在把地面收拾干净之后，莉莉没有吃午饭，而是回到自己的房间里待着，过了很久都没有出来。看到莉莉这么伤心，妈妈有些懊悔自己对待莉莉不公平，她这才意识到莉莉只是个孩子而已。此后的一段时间，莉莉明显变得不愿意和弟弟妹妹们一起玩了。妈妈当然知道莉莉这样的行为意味着什么，也意识到自己在这件事情中起到了负面的作用。妈妈渐渐地改变了自己对待莉莉的态度，不再一厢情愿地把莉莉当姐姐，也把莉莉当成孩子看待。在妈妈平等的爱之中，莉莉才渐渐地放下隔阂，又与弟弟妹妹玩乐起来。

在很多家庭中，父母们一旦有了二孩、三孩，因为时间和精力有限，无法面面俱到地照顾到每个孩子，所以就会对大孩提出过高的要求，认为大孩必须承担起作为哥哥或者姐姐的重任，照顾好弟弟妹妹们，还要为父母分担家务劳动等。父母们却忽略了，大孩即使年纪大些，也只是个孩子而已。原本，弟弟妹妹的出生就分走了给大孩的爱，现在父母又对大孩提出了额外的要求，因而大孩会更加感到不平衡，也不愿意配合父母做好更多的事情。有些大孩在父母那里得到了不公平的对待，还会把怒气发泄到弟弟或者妹妹身上，故意欺负弟弟或者妹妹，这显然是父母所不愿意看到的。每一个不止有一个孩子的父母，都希望孩子们之间能够手足情深，相亲相爱。那么父母就要反思自己对待每一个孩子的态度，也要以正确的方式去协调孩子们之间的关系，消除孩子们之间的矛盾，这样孩子们才能彼此亲近，团结互助。曾经有一位名人说，父母的不公，是导致兄弟姐妹反目成仇的根本原因。所以明智的父母切勿因为小宝宝还小，就特别偏爱和袒护小宝宝；也不要因为大孩年长几岁，就对大孩提出额外的要求。

解决完大孩的问题，接下来，父母需要解决的就是小孩子的问题了。很多排名末位的孩子看到哥哥姐姐们拥有比自己更大的自由度，也得到比自己更多的优待，往往会对此发出"不公平"的呼声。面对小孩子的愤怒和歇斯底里，很少有父母能够做到淡然以对，他们最终的措施就是假装认为小孩子的能力与大孩子是相同的，因而索性睁一只眼睛闭一只眼睛地允许小孩子和大孩子做出同样的举动，这当然是在自欺欺人。举例而言，小孩子需要更长的睡眠时间，所以父母规定小孩子要每天晚上八点半准时睡觉，那么大孩子需要读书学习，因而可以到九点半再睡觉。在这种情况下，如果小孩子坚持要和大孩子一样等到九点半睡觉，就会导致睡眠不足，或者次日起床困难。所以父母在为不同年龄的孩子制定规矩的时候，一定要非常明确，也要有坚决的态度。

面对小孩子因为能力不足而无法做很多事情，父母可以给予小孩子以适当的帮助。例如，小孩子不能独立洗澡，那么父母肯定要帮助小孩子洗澡；小孩子不能独立外出游玩，那么父母要带着小孩子出去玩。当父母帮助小孩子做成很多事情，他们因为自身能力不足而引起的挫败感就会大大减轻。

不管是对于大孩子还是小孩子，父母都要时常与他们谈谈心，让他们清楚地认识到自己在家庭生活中的地位，也知道自己行为的边界，以及所要承担的责任和义务。当父母能够恰到好处地协调孩子们之间的关系，那么就能消除孩子们之间莫名其妙的强烈忌妒、敌意等负面情绪，使兄弟姐妹关系更好，感情更亲。

爸爸在孩子心目中的位置

在家庭生活中，爸爸的作用无可取代，这是为什么呢？仅从表面看起来，很多爸爸都是工作狂人，他们每周至少工作5天，休息的一天又在不停地接电话；他们每时每刻都惦记着工作，很少会做家务，更别说亲自为家人们烹饪美味的一餐了；他们总是行色匆匆，甚至在全世界飞个不停。正是这样的表现，使得很多爸爸都成为家庭生活中的隐形人，他们只是在为这个家庭提供金钱的支持，而很少真正去为家庭生活做些什么，甚至连陪伴孩子的时间都没有。有些爸爸还擅自给自己定位为家庭的"银行"和"取款机"，不得不说，当爸爸对自己做出这样错误的定位时，他们在家庭生活中的表现就会更加糟糕。

在一个家里，爸爸是特别重要的。对于孩子而言，能否从家庭生活中获得安全感，在潜移默化的教育中形成和树立正确的价值观，与爸爸是密不可分的。有些爸爸还是不折不扣的实干派，他们会带着孩子一起去探索世界，解开心中的奥秘，从而培养了孩子的探索精神，这会让孩子一生都受益匪浅。总而言之，爸爸不能缺席家庭生活，更不能缺席孩子的成长。只有爸爸始终当一个合格且优秀的爸爸，整个家庭生活才会更加充实美好。

遗憾的是，很多父母都没有意识到爸爸在家庭生活中的重要，有些妈妈甚至抱怨自己的婚姻是丧偶式婚姻，也抱怨自己的孩子就像单亲家庭的孩子。抱怨是不可能解决问题的，只有真正地开始改变，一切才能变得不同。和爸爸缺席这个显而易见的问题相比，爸爸排序过于靠后的问题则是更容易被人们所忽略的。有些爸爸的确很积极地投入家庭生活，却因为遇到了一个强势的配偶，在家族系统排序中失去了自己原本的位置，变得无足轻重，可有可无。毫无疑问的是，在社会生活中，每个人都处于排序的状态之中。前文我们说过，每个人都是一个信息的发射器和接收器，显而易见，位置的不同将会影响我们接收和发射信息的状态。有些爸爸并没有意识到自己的排序出现了问题，那么就要进行反思，才能及时地解决问题。

晓明十四岁了，自从父母离异后，他一直跟着妈妈生活。晓明还有一个弟弟，叫晓军，也跟着妈妈生活。这就意味着，妈妈一个人要抚养两个孩子，辛苦的程度可想而知。然而，尽管妈妈省吃俭用供养兄弟俩上学，晓明还是在刚刚上初一的时候就辍学了，原因是他不喜欢学习，还和社会上的不良青年混在一起玩，品质恶劣。离开了学校，晓明彻底地走上了社会。他很快就开始偷鸡摸狗换钱花，用不务正业得来的钱去网吧，还和社会青年在一起抽烟喝酒。看着从小聪慧可爱的晓明变成了现在这个样子，妈妈百思不得其解。

在晓明又一次从少儿劳教所里出来之后，妈妈带着晓明来我的工作室进行咨询。她想：晓明也许有心结没有解开呢？在我的疏导下，妈妈和晓明都敞开了心扉。面对我的提问，妈妈坦诚地说自己不愿意让晓明与爸爸见面，也不允许爸爸来探视晓明。得知晓明的爸爸妈妈在晓明六岁时就离婚了，这么多年都没有再见过，我感到很惊讶。后来，我对妈妈说："你只有先解开自己的心结，接纳孩子的爸爸，认可孩子的爸爸，修复与孩子爸爸之间的关系，孩子才能感受到男性的榜样力量，也才能从他的爸爸身上汲取力量。要知道，妈妈给了孩子生命，爸爸却是带着孩子探索世界的人。单亲家庭对孩子造成的伤害是不可估量的，尤其是在父母反目成仇的状态下。"听了我的这番话，妈妈这才意识到自己大错特错了。她当即对我说："我的确对旧日的恩怨念念不忘，我从未想过当着孩子的面否定他的爸爸，竟然会让他自暴自弃。"我继续开导晓明的妈妈，她终于说出了晓明爸爸的很多优点，晓明这才知道爸爸并非像妈妈曾经所说的那样一无是处，他脸上渐渐地有了神采，写满了惊喜。

在后续的治疗中,我把晓明的爸爸也请到了现场,让晓明在得到妈妈的许可之后,尽情地靠近爸爸,直到进入爸爸的怀抱中。在那一瞬间,妈妈惊奇地发现八年的杳无音信并没有切断晓明与爸爸的血缘亲情。从此之后,晓明不管有什么事情都愿意告诉爸爸,爸爸也总是竭尽所能地帮助晓明。虽然爸爸不是一个成功人士,而只是一个平凡无奇的农民工,但是晓明从爸爸身上学会了吃苦耐劳,也学会了脚踏实地地生活。

对于女孩而言,爸爸能够给予她们安全感,在她们心中树立完美男人的形象;对于男孩而言,爸爸能够给予他们勇气,教会他们努力拼搏生活得更好,也让他们有足够的信心面对充满坎坷境遇的人生。所以在一个家庭里也许可以没有爸爸的存在,但是在孩子成长的过程和生命的历程中,却一定要有爸爸的存在。

现代社会离婚率节节攀升,有些夫妻因为彼此之间性格不合,感情疏远,所以选择了离婚。那么,面对婚姻的变故,受到伤害最大的是谁呢?既不是妻子,也不是丈夫,而是孩子。对于妻子或者丈夫而言,结束了一段婚姻,只要愿意,他们总能再开始一段婚姻。但是对于孩子而言,爸爸妈妈组成的家原本是他们赖以生存的整个天地,父母离婚了,他们的天就塌了。偏偏有些父母从未认识到家庭破裂对孩子的影响,不能做到和平理性地分手,反而在离婚的时候闹得不可开交。这样一来，给孩子带来的伤害当然更大。就像上述事例中的晓明，原本他是那么快乐地和爸爸生活在一起，却因为父母离婚而八年从未再见过爸爸一面。作为成人，尚且难以忍受分离之苦，作为年幼的孩子，又如何能够承受呢？所以面对婚姻的破裂和解体，父母一定要再三告诉孩子的是："爸爸妈妈虽然不在一起生活了，但是爸爸妈妈依然很爱很爱你，最爱最爱你。只要你需要，爸爸就会回到我们的身边，和妈妈一起保护你。"这样一来，孩子才能感到心安。在日常生活中，作为孩子监护人的父母，也不要对前夫或者前妻绝口不提。不管成人之间有怎样的恩怨，孩子都是没错的，他们有权利得到父母完整的爱。所以作为孩子的监护人，可以经常以前夫或者前妻的名义鼓励孩子："爸爸看到你学习上有了这么大的进步，一定会非常开心的，你现在就把这个好消息告诉爸爸，好吗？""妈妈看到你现在认真吃饭，长得这么强壮，一定会为你感到骄傲的。等到周末，我就送你去见妈妈，好吗？"经常帮助孩子建立与父母的连接，孩子才能健康成长。

换而言之，就算是与爸爸离婚了，作为妈妈也不要把爸爸从家庭生活中和孩子的心中抹去，而是要和往日一样和孩子说起爸爸，告诉孩子爸爸是一个多么优秀的人，用爸爸的优点连接孩子与爸爸的关系，这才是明智的养育之道。

单亲家庭的孩子有何异常表现

随着社会离婚率的提高，越来越多的家庭从双亲家庭变成了单亲家庭。几十年前，离婚还被作为一种罕见现象而围观，现在呢，离婚变得仿佛家常便饭，再也没有人以离婚为耻辱，也没有人觉得离婚很罕见。既然离婚如此寻常，作为夫妻不管因为什么原因离婚，都要各自扮演好爸爸妈妈的角色，也要为了孩子合体出现，这样才能尽量减少父母离婚对孩子的负面影响。

从某种意义上来说，夫妻在离婚之后，作为监护人的那一方不但要支持孩子与另一方见面，还要创造更多的机会鼓励孩子与另一方见面，并且与另一方建立良好亲密的关系。毕竟孩子平日里不与另一方一起生活，会略显疏远，那么就要尽量弥补这种感情上的缺失。现实情况却恰恰相反，很多夫妻在离异之后，作为孩子监护人的一方坚决禁止对方探视孩子，更不允许孩子去见对方。在他们如此极端的做法下，我们可以看到，他们并没有把孩子当成一个活生生的、有血有肉的人，而是把孩子当成了自己的筹码，以此来故意打击报复对方。这样的想法大错特错，这样的做法更是给孩子造了难以弥补的心灵创伤。

当然，在法律的支持下，大多数孩子的监护人还是允许孩子定期与对方见面的。然而，在不知不觉之间，他们对孩子另一种方式的伤害却在继续着。在日常生活中，他们常常当着孩子的面贬低、批判另一方，使得无辜的孩子被卷入了父母争斗的感情旋涡中。面对父母，他们就像面对自己的手心手背，他们既爱爸爸，也爱妈妈，不忍心舍弃任何一方。长此以往，孩子就会被撕裂，甚至出现感情分裂的现象，当着爸爸的面迎合爸爸，当着妈妈的面却故意贬低爸爸。如果不想让孩子陷入这样进退两难的困境中，爸爸妈妈就要调整好心态，更要始终牢记：夫妻关系的变化不能引发亲子关系的变化。

很多单亲家庭的孩子都会出现各种各样的问题，例如性格孤僻，沉默寡言；脾气暴躁，社交退缩；感情冷漠，缺乏安全感；等等。这些都是父母异常的关系状态导致的。作为父母，要发现孩子的身心异常，最好能够想方设法地避免对孩子造成伤害。一旦对孩子造成伤害之后，父母还要尽量减少伤害，弥补伤害。

当然，不同年龄段的孩子有不同的心态，所以父母要想给予孩子更多的关注和更好的对待，就要根据孩子的年龄特点，有的放矢地对待孩子。具体来说，可以把孩子分成学龄前、进入小学之后。

对于学龄前的孩子而言，他们正处于快速的生长发育过程中，最需要的就是与父母亲密相处。在这个阶段，父母要多多与孩子进行身体的接触，因为学龄前孩子的身心发育是一体的，所以在父母与孩子的身体亲密接触时，孩子在心理上也就会接近父母。例如，父母可以拥抱孩子，让孩子感觉到安全；也可以亲吻孩子，让孩子感受到父母的疼爱；还可以经常一起带着孩子出去玩，让孩子同时感受到父爱和母爱。作为爸爸或者妈妈，在与孩子亲密相处的时候，例如正在拥抱和亲吻孩子时，要提起对方的优点和好处，和孩子一起去感受到对方是值得信赖的，从而帮助孩子建立与对方的情感连接。

孩子长到6岁，开始进入小学学习了。在这个阶段，孩子有一种很特殊的心态，那就是他们希望自己与父母特别相像，他们也以这样的方式与父母建立连接。在这个阶段里，如果爸爸或者妈妈当着孩子的面诋毁对方，贬低对方，指责对方，或者批判对方，那么孩子就会像是处于拉锯战的中心位置，既想靠近妈妈，又担心失去了爸爸；既想靠近爸爸，又担心疏远了妈妈。可想而知，孩子的内心有多么矛盾和痛苦。作为最爱孩子的爸爸或者妈妈，如果不想让还很小的孩子承受这样的痛苦，就要改掉这个坏习惯，切勿当着孩子的面指责对方。如果父母执迷不悟，继续这么做下去，那么渐渐地就会有一个惊人的发现,即发现孩子越来越像自己讨厌的前任配偶。这不是孩子故意为之,而是因为在父母的反复强调之中,孩子就会不知不觉地朝着特定的方向发展。

作为单亲父母,要带着觉察,向孩子描述对方,要毫不吝啬地多多赞美对方的优点,这样才能让孩子自然而然地朝着好的方向去成长,去发展,去完善自己。除了要直接地赞美对方之外,还可以帮助孩子与对方之间建立间接连接。所谓间接连接,就是当着孩子的面向第三者赞美孩子和自己的前夫或者前妻很像。例如向他人夸赞孩子:"这个孩子和爸爸一样,勤奋踏实,学习刻苦。""这个孩子和妈妈一样,美丽善良,连小蚂蚁都很喜欢。"主要应注意的是,不管直接对孩子赞美对方,还是间接向第三人赞美孩子和对方一样,都要保持前后一致。否则,如果前一句还在赞美对方,后一句就对对方抱怨连天,那么孩子就会感到很迷惘,很困惑,不知道自己到底该如何去做。

总而言之,夫妻离婚了,对孩子的爱不应该停止或者中断。反而,正因为夫妻不再生活在一起了,要更加关爱孩子,用更多的时间陪伴孩子,付出更多的精力照顾孩子。孩子的成长过程是不可逆的,作为父母,一旦错过了孩子的成长,再想弥补就悔之晚矣。既然如此,就让我们一起好好地爱孩子吧,因为每一个孩子都是值得的。

隔代养育对孩子的影响

俗话说,家家有本难念的经。这也就是说,每家都有每家的情况,每家都有每家的幸福,每家也都有每家的烦恼。前文我们讲述了在双亲家庭和单亲家庭里,在养育孩子的过程中会出现的各种问题,接下来,我们要讲一讲如今普遍存在的一种家庭模式,即在父母都忙于工作的家庭里,由老人帮忙照顾孩子的家庭生活模式。

乍听起来,父母都上班,老人帮忙照顾孩子,是多么幸福的生活方式啊,甚至老人在照顾孩子之余,还能给做做饭、收拾收拾家务呢!然而,只有亲身经历过的父母才知道,当一个家庭里既有孩子也有老人时,那些原本非常简单的问题会变得多么复杂。人们常说,江山易改,禀性难移。对于老人而言,他们理所当然地认为自己照顾孩子的方式是对的,哪怕被年轻的父母指出错误,也坚决拒绝改正。例如,有些老人会用嘴咀嚼食物再喂给孩子吃,有些老人特别喜欢给孩子穿又厚又重的衣服,有些老人生生地把孩子喂成了大胃王……这些还不是最糟糕的,最糟糕的是隔代亲使老人对孩子疼爱无度,宠爱无限,最终使孩子变成了一个不折不扣的小魔头,任性霸道自私,不管走到哪里都不受欢迎。还有些孩子在老人的纵容之下,变得越来越无法无天,对于父母都不放在眼里,更不愿意听从父母的教诲。一旦遇到这样的情况,就要马上结束隔代抚养的现状,及时纠正孩子的错误行为。

作为外公外婆,当然特别疼爱乐乐。乐乐从一出生,就是由外婆负责照顾的,外婆有什么好吃的都紧着乐乐吃,有什么好玩的都紧着乐乐玩。虽然妈妈知道外婆这样骄纵乐乐是不对的,但是想到外婆很久之前就眼馋别人有孙子,也就没有对外婆多加限制。随着乐乐不断长大,妈妈渐渐地发现了端倪。那就是乐乐经常仗着有外公外婆为他撑腰,肆无忌惮地提出很多过分的要求,有的时候还会与爸爸妈妈顶嘴呢!看到乐乐越来越难以管教,妈妈不由得对乐乐更加严厉起来。

这天晚上,乐乐从下午三点半放学回到家里,花了四五个小时的时间也没有完成作业,直到晚上九点了,还在伏案疾书呢!妈妈声色俱厉地指责乐乐:"乐乐,我不相信你们的老师水平这么低,居然给小学三年级的学生布置这么多的作业。我不用问就知道,一定是你在写作业的时候三心二意玩手机了。现在,把手机交给我!"乐乐看到妈妈黑着脸，感到很害怕，当即虚张声势地哭了起来。外婆第一时间赶来，对妈妈说："你教育孩子能不能温柔些，看你把孩子吓的！"看到外婆来了，乐乐明显嚣张起来，躲在外婆身后对妈妈说："作业就是很多，我已经很快地写了。跟手机没关系，不许没收手机。"妈妈早就对外婆骄纵乐乐的行为有意见了，索性从乐乐的手里抢过手机。这个时候，乐乐哭喊得更厉害了，外公也来了。妈妈暗暗想道：一直这样下去也不是办法，我必须给他们制定规矩，不许干扰我教育孩子。就这样，妈妈生气地把乐乐的手机扔到水里，乐乐当即气得要跑出家门，被外公外婆拦住了，外公更是气得大骂妈妈疯了。妈妈趁此机会义正词严地说："这是我的孩子，我有权利教育。以后，我教育孩子的时候，任何人不得干涉，否则别怪我不留情面。"在此之前，妈妈从未这么严厉地对外公外婆叫嚷过，外公气得脸色发青，外婆气得哭了起来。他们全都回到房间里，对乐乐的哭声不闻不问。没有了外公外婆撑腰，乐乐赶紧灰溜溜地回到房间里，又开始写作业了。

很多父母都会发现孩子不好管教，或者不服管教，这是为什么呢？究其原因，就是因为孩子知道有人支持他。当家里有老人从小把孩子带大的时候，老人在孩子的父母面前就会居功，认为自己带大的孩子，即使作为父母也无权严厉地教育。孩子呢，从小就会察言观色，认识到只要有爷爷奶奶或者外公外婆在，爸爸妈妈就不能拿自己怎么样，因而也就变本加厉起来。作为年轻的父母，在请老人来帮忙照顾孩子之前，就要与老人约法三章，第一条就是不允许老人袒护孩子，不允许干涉父母教育孩子。换而言之，老人只能照顾孩子的吃喝拉撒，孩子的教育大权还是在父母手中的，这样才能避免在后续的家庭生活中产生各种矛盾冲突，产生分歧，发生争执。

在很多家庭里，有些老人本身是比较强势的，年轻的父母则处于弱势。一旦想到如果老人不帮忙带孩子，自己就不能上班，他们就会自觉矮老人三分。其实，即便请求老人帮忙，也要坚持原则和底线。否则，老人宠溺出一个混世魔王，家庭的痛苦就会无休无止。

当发现隔代养育出现了很严重的问题时，父母一定不要指责老人，而是可以心平气和地与老人沟通，把道理讲给老人听。如果老人愿意配合，那么家庭生活就会更加愉快，所有的家庭成员也就会为了教育好孩子而齐心协力。反之，如果老人固执己见，不愿意配合，那么家庭生活也没有必要鸡飞狗跳，作为父母宁可少挣一些钱，也要亲自负责教育孩子，毕竟教育孩子是家庭生活的重中之重，也关系到家庭生活能否真正幸福。

孩子的常见行为问题

读懂孩子的行为问题，归根结底，是为了帮助孩子解决行为问题。俗话说，见多识广。接下来，就让我们来看看孩子们都有哪些常见的行为问题吧！古人云，兵来将挡，水来土掩。只有提前做好预案，我们才能对孩子见招拆招。

第一种行为问题：厌学。

现代社会，大多数父母都进入了教育焦虑状态，他们望子成龙，望女成凤，更有些父母在孩子还没有出生的时候，就开始为孩子准备学区房，只想让孩子赢在起跑线上。然而，理想总是丰满的，现实总是骨感的。很多原本都是学霸的父母崩溃地发现，孩子压根不喜欢学习，从排斥、抗拒，发展到厌学，快得让父母猝不及防。

在家庭生活中，孩子的学习能量通常来自父亲。这是因为父亲在孩子心目中是力量的象征，很多孩子都把父亲当作偶像崇拜。一旦发现孩子出现严重的厌学行为，父母要及时重视孩子与父亲之间的连接。在双亲家庭中，如果父亲工作比较忙，无暇顾及孩子，那么就要及时调整工作模式，从而安排更多的时间，付出更多的精力，陪伴在孩子身边。在单亲家庭中，如果母亲是孩子的监护人，那么就要鼓励孩子与父亲见面，鼓励孩子更多地与父亲接触，这样随着对父亲的了解日益加深，孩子就会更加认可父亲，自然也就有了学习的榜样和模仿的对象。

第二种行为问题：谎话连篇。

很多父母都想不明白孩子为何会撒谎，从孩子自身的角度而言，他们撒谎有三种原因。第一种原因是为了自保。大多数小孩子之所以撒谎，或者是为了保护自己免受责罚，或者是为了逃避承担责任。第二种原因是为了满足自己的要求和利益。有些孩子为了得到自己想要的东西，就会向父母撒谎，以各种方法试图说服父母满足他们的要求。第三种原因，只有极少数长大了的孩子是出于恶意撒谎，为了伤害他人，或者是蒙骗他人。

从家庭的角度来说，孩子之所以撒谎，根本原因在于父母之间关系失衡。在很多家庭里，父母的力量都是不对等的，他们一方处于强势，一方处于劣势。孩子有一个重要的本领，那就是察言观色，所以他们会寻找父母中力量薄弱的一方着手，试图实现自己的目标。日久天长，孩子对待父母就会形成双重标准，对于父母之中的权威者，他们会小心翼翼地陈述事实；对于父母之中相对较弱的那一方，他们在心态上就放松了，因而会以不同的说辞来叙述同一件事情。在此过程中，他们再加上夸大其词，扭曲事实，渐渐地就会演化为撒谎。

第三种行为问题：离家出走。

说起孩子离家出走的问题，很多父母都感到又气又急又担心，简直是百感交集。不管父母对孩子多么生气，一旦发现孩子离开了指定的地方，消失在自己的眼前，父母的心态马上就会发生根本性的转变。在这一时刻，他们想到的不再是孩子不好的地方，而是孩子好的地方，他们恨不得马上看到孩子，把孩子紧紧地拥抱在怀里。然而，等到对孩子失而复得之后，父母即使下定决心改变方式对待孩子，也还是会因为孩子做的一些错事，或者因为孩子的表现不符合自己的预期，而对孩子大发雷霆。

那么，孩子为何会离家出走呢？难道他们不知道家是最安全温暖的地方，家里还有最爱他们的爸爸妈妈吗？在离家出走的这一刻，孩子们一定不认为家是港湾，甚至开始怀疑父母对他们的爱。孩子之所以离家出走，是因为他们在家里找不到归属感，需要去家以外的地方寻找归属感；他们在家里感受不到父母的爱，还因为承担着父母的一些情绪而感到身心疲惫。需要注意的是，父母的想法也会对孩子产生很大的影响。有些父母本身就想离开家，也常常当着孩子的面说起类似的想法，这样就会在潜移默化之中对孩子造成很大的负面影响，也会改变孩子对于家庭的观念和对于生活的态度。因而父母要以身示范，自己首先要热爱家庭，热爱生活，这样才能传递给孩子积极的正能量。

第四种行为问题：偷窃。

从本质上而言，偷窃就是不劳而获，就是不想付出，只想得到。那么当看到孩子热衷于偷窃的时候，父母要反观自己是否让孩子在物质上得到满足。如果答案是否定的，那么父母要尽力在物质上满足孩子的合理需求。如果答案是肯定的，那么父母要思考孩子是否在精神和情感上感到饥渴。有些孩子在家庭生活中没有得到归属感，在与父母相处的过程中又没有得到父母的爱，所以他在心理上是始终感到饥渴的，就需要以偷窃的方式满足自己的心理需求。

对于青春期孩子而言，他们之所以做出偷窃的行为，还有可能是为了从众。青春期的孩子渴望融入同龄人的团队，得到同龄人的认可，所以当他们所属的群体中大多数人都想偷窃时，他尽管发自内心地并不认可偷窃行为，却也无法拒绝。有些少年就是这样稀里糊涂地走上了犯罪的道路，在受到法律的制裁之前，根本不知道自己的行为是错误的。对于这样的孩子，父母要严格监管，一旦发现孩子在行为方面有不好的苗头，就要及时引导孩子，让孩子改正错误。在日常生活中，还要多多与孩子交流，端正孩子的思想，规范孩子的行为，避免孩子走上歪门邪道。

第五种行为问题：网络成瘾。

现代社会，电脑、手机已经普及了，这使得孩子上网变得很容易。有些孩子在生活中得不到父母的陪伴和关注，尤其是当爸爸缺席孩子的成长时，孩子就会感到内心很空虚。为了填补心中的空缺，他们就会沉湎于某种事物无法自拔，在这种情况下，精彩纷呈的网络世界就成了孩子的首选。有些孩子沉迷于看各种各样的网页和有趣的小视频，有些孩子迷恋打游戏。他们网络成瘾的行为特别严重，简直到了走火入魔的程度。曾经有网络新闻报道，有的孩子为了从家里拿钱去上网，居然残忍地杀害了自己的父母或者长辈。不得不说，这样的孩子已经病入膏肓了。

作为父母，看到孩子网络成瘾固然心痛，却还是要理性分析孩子网络成瘾的根本原因。当孩子在现实世界里得不到温暖和关爱，得不到理解和关注时，他们就会逃遁到网络世界里。那么父母不要等到孩子网络成瘾再追悔莫及，而是要提前关注孩子的行为表现和心理动态，从而给予孩子想要的关爱和温暖，给予孩子想要的照顾和陪伴。

当然，除了上述这五种行为问题之外，孩子还会有各种各样的问题。每个孩子都是独立的生命个体，都是与众不同的，所以他们的问题也各不相同。作为父母，不要因为孩子出现了行为问题就全盘否定孩子，或者嫌弃孩子。人的身体生病了，需要吃药治疗；人的精神生病了，需要接受疏导；人的行为生病了，则要采取有效的措施改善行为。俗话说，对症下药，作为父母必须透过孩子的行为表现，洞察孩子的心理世界，了解孩子的精神和情感状态，这样才能给予孩子切实有效的帮助。

第四章　读懂孩子的情绪

　　当孩子进入青春期,很多父母都开始怀念起孩子是"话痨"的日子……那是孩子小时候。小小的孩子不管有什么事情都迫不及待地告诉父母,喜怒皆形于色,父母只要看一眼,甚至只要听孩子说一句话,就知道孩子是高兴还是伤悲,是兴奋还是沮丧。然而,随着孩子不断成长,他们与父母说的话越来越少,即使有满腹心事也只愿自己默默承受。父母此前还嫌弃孩子是"话痨"呢,现在不由得慌神了,只想撬开孩子的嘴巴,让孩子一吐为快。其实,了解孩子未必一定要以语言沟通的方式,父母还要学会读懂孩子的情绪。

孩子为何不爱笑了

很多青春期孩子的父母都发现，孩子不爱笑了。为此，他们纷纷揣测孩子的心意，生怕孩子在学校里被人欺负了却不敢说，又担心孩子早恋了不愿意说，还有的父母特别敏感和焦虑，还怀疑孩子是否患上了抑郁症所以笑不出来了呢！与其这样在孩子背后胡乱猜测，父母为何不亲自问问孩子，亲耳听到孩子说出不爱笑的原因呢？这么问的人或者还没有孩子，或者是孩子还小，总之他们一定不是青春期孩子的父母。每一个青春期孩子的父母都会发现，孩子变得越来越不愿意和父母沟通了。曾经，他们是父母的小尾巴，不管父母去哪里，他们都请求跟着一起；曾经，他们是父母的小喇叭，不管家里发生了什么事情，他们都会尽职尽责地广而告之。但是现在他们长大了，不再把心事告诉父母，哪怕父母关切地询问他们，他们也会敷衍地说自己没事。试问在青春期的孩子中，又有几个孩子愿意对父母完全敞开心扉呢？由此可见，父母想要直截了当地提问孩子，效果堪忧啊！

　　孩子为何不爱笑了？父母尽管很关心这个问题，却又无法直接问出来，或者即便直接对孩子提问了，孩子也不会坦诚告知。既然如此，父母也就没有必要询问了。在这种情况下，父母要与孩子颠倒角色。在小时候，孩子最擅长对父母察言观色；现在，轮到父母对孩子察言观色了。父母只要认真观察，总能发现蛛丝马迹。当然，为了避免亲子之间产生误解，在发现了蛛丝马迹之后，如果有必要，父母要向孩子求证，而切勿以此作为凭据对孩子妄下定论哦！

　　自从上了初一，从小人如其名快快乐乐的乐乐，变得不爱笑了。在整个小学阶段，妈妈尊重乐乐的想法，没有给乐乐报课外班。整个小学阶段，乐乐过得非常轻松愉快。班级里大多数同学都需要上课外班，有些同学短短的周末两天时间，就要上八九门课外班。每当同学们在一起吐槽周末比上学还辛苦忙碌时，乐乐总是暗自庆幸有一个明智的好妈妈。然而，上了初一，乐乐不再是贪玩的小屁孩了。他尽管小升初的成绩很不错，但是在进入初中之后才发现天外有天，人外有人，很多人都比乐乐更优秀。第一次月考，自我感觉良好的乐乐就弄了个难堪，和入学成绩相比，在班级里下降了十名。

　　回到家里，乐乐主动对妈妈说："妈妈，给我报名上课外班吧，我的主课需要补一补了。"妈妈既感到惊讶，又感到惊喜，问乐乐：

"你想好了？"乐乐郑重其事地点点头。就这样，乐乐也开始了每个周末一天完成学校作业、一天上六个小时课外班且要来回通勤两个半小时的生活。周日上完课回到家里，他愁眉苦脸的，没有丝毫笑容。外婆很心疼乐乐，对妈妈说："乐乐肯定是累的，都不想说话了，更不想笑了。这都是上学累的。"妈妈当即表示否定，说："别人家的孩子从小学就这么上课啦，他这才刚刚开始呢！"然而，外婆坚持认为乐乐太累了，无奈之下，妈妈只好直接询问乐乐："乐乐，今天过得开心吗？上课顺利不顺利？"乐乐点点头，说："上课很顺利啊，老师和同学们都很好。"妈妈试探着继续问道："那么，你为何满脸严肃，连点儿笑容都没有呢？你小时候特别爱笑，就像开心果呢！"乐乐调皮地挤出了一丝笑容，对妈妈说："妈妈呀，我已经长大了，要是还和小时候一样成天没心没肺地傻笑，岂不是成了傻瓜吗？"这个时候，外婆也在一旁听着乐乐说话呢，赶紧提醒乐乐："乐乐，你如果上课太累了，就让妈妈给你少报一门吧。"乐乐把头摇晃得和拨浪鼓一样，一连声地说："不累，不累，我还想再多报一门呢！"听到乐乐这么说，外婆终于放心了。

在这个事例中，外婆对乐乐非常关切，因为看到乐乐情绪异常，外婆十分担心乐乐学习太累。为了证明乐乐并非学习太累才不爱笑了，妈妈只好当着外婆的面询问乐乐真实的情况。幸好，乐乐把事情告诉了妈妈和外婆。原来，他是因为长大了，才不像以前那样没心没肺地笑了。乐乐的解释虽然有一定的合理性，但是作为父母还是不能掉以轻心。对于一个整日乐呵呵的孩子，一旦发现孩子不爱笑了，父母就会知道孩子有心事了，需要帮助，需要安慰。但是对于一个整日满脸严肃的孩子而言，父母会把孩子不爱笑当成常态，也许就会在无形之中忽略了观察孩子的情绪。

  换一个角度而言，即使对于不再像小时候那么爱笑的孩子，父母也能观察到他们是正常的情绪表现还是异常的情绪表现。很多父母在孩子进入青春期之后，对孩子就会不再那么关切，因为他们认为青春期的孩子已经可以自己照顾自己了。的确，青春期的孩子与小孩子相比，在独立能力与自理能力方面都有了很大的长进。但是在情绪方面，他们却有可能面临更多的困惑。这是因为孩子长大了，有了自己的小心思，也有了自己的很多烦恼。不管孩子面对怎样的难题，父母都要理解孩子，关爱孩子，也要无条件支持孩子，告诉孩子家永远都是他的避风港，这样孩子才能获得安全感，也才能成长得更快乐。

面对亲人过世孩子的悲伤

在生命的历程中,生老病死是自然而然的生命现象,没有人能够避免。当新生命呱呱坠地的时候,我们也就开始了向死而生的生命历程。出于人之常情,大多数人都喜欢迎接生的喜悦,而害怕面对死亡的悲痛。其实,正是因为有了死亡的存在,生的喜悦才会如此打动人心,每一个能够生存的人也才满心感恩。换而言之,正是死亡教会了我们如何面对生命,如何珍惜生命。每一个人都要学会面对生命中的一切境遇,包括顺遂的、坎坷的。尤其是在面对死亡的时候,更是要敞开怀抱去接纳。如果面对死亡始终在逃避,那么我们的生命就会因为死亡的"缺席"而显得贫瘠,因为在拒绝死亡的威胁和痛苦时,我们同时也失去了生的欢欣和丰盛。

成人面对死亡尚且如此被动,更何况是孩子呢?很多孩子面对生命无常,面对死亡,内心里是抗拒的,甚至压根不愿意接受死亡的存在。当遭受身边的亲人离世,受到死亡突如其来的打击时,孩子就会出现各种异常的情绪，行为也会变得很反常。作为父母，要告诉孩子死亡是生命的一部分，而不是生命的反面。也就是说，整个生命既要有生，也要有死，才是一个完整的生命历程。古往今来，很多人对于死亡都有自己独到的理解。例如，科学家霍金年纪轻轻就瘫痪在轮椅上，却凭着一只能动的手指攀登上科学的巅峰，为全人类做出了卓越的贡献。霍金之所以能在死神的威胁下依然绽放生命，就是因为他对待死亡的态度是接纳的，是包容的，也因此他才能全然接受生命，拥有强大而又稳定的力量，拥有完整而又包容性极强的自我，拥有无比丰盛的生命体验。

面对死亡，我们无须陷入无尽的悲伤之中无法自拔。正如人们常说的，时间是最好的良药，随着时间的流逝，我们因为亲人去世的悲伤会渐渐地被冲淡，我们终究要忘却悲伤，继续面对自己的人生。通常情况下，第一年是最难熬的，因为巨大的悲伤袭来，让我们心痛到无法呼吸。随着第二年、第三年到来，我们不会彻底忘记逝去的人，却渐渐地抚平了内心的伤痛。这个过程是在用时间来疗伤，这个过程也是自然且健康的康复过程。

然而，在此过程中，我们要做的是直面悲伤，而不是逃避悲伤。如果我们采取逃避的态度，始终把悲伤深深地掩藏在心底，不愿意接受亲人逝去的现实，那么悲伤就会被拉长，且不会随着时间的流逝而变得平淡。

作为父母，当家族里有重要的长辈或者亲朋好友去世时，要让悲伤如同河流一样在自己的心底流动起来，这样悲伤才会被时间冲淡。如果父母始终压抑着悲伤，带着悲伤的情绪生活，那么孩子也会陷入悲伤之中，强忍住悲伤度日，这对于孩子的情绪健康是极其不利的。

迄今为止，爸爸已经去世五年了，但是妈妈和小敏都不能提起爸爸。她们甚至把爸爸的照片和所有的衣物都存放在另外一套房子里。每逢清明节，大家都去给逝去的亲人扫墓，妈妈却从来不带着小敏去爸爸的墓地。不是因为妈妈不愿意祭奠爸爸，而是因为妈妈不愿意承认爸爸去世的真相。在这样压抑着的巨大悲痛之中，小敏与妈妈本该相依为命，事实却恰恰相反，她们之间的关系越来越疏离，渐渐地竟然发展到水火不容的程度。妈妈很苦恼，她不知道小敏为何总是与自己作对，也不知道如何缓和母女关系。迫于无奈，妈妈在朋友的介绍下来到我的工作室，求助于我。

我在询问妈妈家庭中是否有重大事件发生时，得知小敏爸爸五年前去世了，也继续深入提问，了解到妈妈和小敏眼下的生存状态。我感慨地对妈妈说："我认为，您和孩子之间的关系不好，与你们始终逃避爸爸去世的现实有密切关系。人死不能复生，您作为妻子，作为孩子的妈妈，必须要勇敢面对，否则孩子就会和您一样压抑着悲伤，长此以往，孩子的情绪和行为怎能不出现异常呢？"

在我的要求下，妈妈带着小敏一起来到心理诊室。我开门见山地询问小敏："孩子，你曾经羡慕别人都有爸爸吗？"小敏显然没有想到我会这么直截了当地问她，当即红了眼眶。她说："我不仅羡慕别人有爸爸，我还羡慕别人有爱自己的妈妈。"我很惊讶，因为小敏的回答一针见血。我继续问小敏："你觉得妈妈爱爸爸多一些，还是爱你多一些？"小敏不假思索地回答："她当然爱爸爸多一些。我恨爸爸，因为他带走了我的妈妈。"

我这才知道问题的根源，因而开导小敏："你是爸爸和妈妈爱情的结晶，正是因为爸爸妈妈相爱，才会有了你，对吗？"小敏点点头。我又问："你会想念爸爸吗？"小敏说："我比妈妈更想念爸爸，因为如果爸爸没有死去，我就会拥有幸福的爸爸和妈妈。"

听到小敏的回答，我看向妈妈："您想让孩子既失去爸爸，也失去妈妈吗？"妈妈已经泪如雨下，当即连连摇头。我对妈妈说："那么，请您现在坐到孩子的对面，看着孩子的眼睛，对孩子说：'爸爸已经死了，我们还要好好活着，妈妈会继续爱你的。'"

没有人知道妈妈多么努力才说出了这句话，因为这些年来，她是因为坚信爸爸还活着，才熬过来的。但是为了小敏，她不得不这么说。她以缓慢的语调一遍又一遍地对小敏说："爸爸已经死了，我们还要好好活着，妈妈会继续爱你的。"最终，妈妈和小敏哭作一团。从此之后，她们再也不绝口不提爸爸，而是正视爸爸去世的现实，也常常说起爸爸在世时快乐的时光。小敏与妈妈的关系越来越好，她们真正做到了彼此陪伴，相依为命，视对方为自己生命中最重要的人。

作为妈妈，也许很难想象面对爸爸去世，小敏有多悲伤，而妈妈始终自欺欺人，不愿意承认爸爸已经去世的现实，对于小敏而言无疑是雪上加霜。只是小敏从来不表达自己的悲伤，也不表达自己对妈妈的不满，而是让各种负面情绪在自己的内心中累积，最终表现为和妈妈针锋相对。其实，小敏这是在发泄悲伤，发泄不满。

细心的父母会发现，有些孩子在日常生活中与同学之间产生了不值一提的小矛盾，却突然爆发出很强烈的情绪。父母对于孩子的反应过激无法理解，而丝毫没有想到这是孩子心中累积情绪的发泄，而所谓的小事情只是一根导火索而已。这种情况在青春期的孩子身上表现得更为明显。对于这样的孩子，父母要学会引导孩子的情绪之水流动起来，而不要让孩子把所有的情绪都压抑在心底，更不要把自身的不良情绪转嫁到孩子身上。

在日常生活中，父母还要多多创造机会，敞开心扉与孩子进行沟通，对孩子坦诚相见，这样才能打开孩子的话匣子，让孩子也以同样的方式对待父母。当然，父母还要给孩子树立好榜样，教会孩子如何疏导和宣泄情绪，如何对他们进行倾诉，这对于孩子保持情绪健康是大有裨益的。

关注孩子的焦虑

通常情况下,孩子都是无忧无虑,非常快乐的,作为父母也就理所当然地认为孩子是开心果,即使伤心哭泣了,也往往脸上的泪痕还没干呢,就又笑了起来。在这种想法之下,父母往往会忽略孩子的心智健康状况,对于孩子偶尔表现出来的焦虑情绪也丝毫不放在心上。时代发展至今,越来越多的孩子出现心理状况,深受负面情绪的困扰,无法摆脱焦虑、沮丧等情绪,渐渐地,很多教育学家、心理学家认识到孩子的心智健康状况不容忽视,很多父母也关注孩子的焦虑问题。

前些年,社科院曾经对一些高考考生进行过跟踪调查,结果发现那些在高考中以出类拔萃的成绩考入名牌大学的孩子,等到大学毕业后真正地走上工作岗位,却表现平平。这是为什么呢?原来,那些所谓的学霸都是被逼出来的。他们从小学开始就承受巨大的学习压力,参加各类学习班,有时还被父母教导那些不勤于学习的人成人之后的生活将会如何艰辛的事例。这么做虽然看起来有效地增强了孩子的紧迫感，提升了孩子的学习成绩，但是却极大地破坏了孩子的安全感，使得孩子稚嫩的心灵感到迷惘、彷徨和无助。一旦缺乏安全感，也就意味着孩子开始陷入焦虑的状态之中，无法自拔，无处逃遁。

看到这里，也许有些父母会说"我的孩子并不缺乏安全感，他很健康地长大了"，其实这只是因为孩子的人格渐渐发展成熟，掩盖了孩子的焦虑感。从内心深层次的角度来看，孩子一直缺乏安全感，一直感到焦虑，这甚至会对孩子的一生产生严重的负面影响。他们畏手畏脚，害怕接受新鲜事物，不敢突破和超越自己，为了求得安稳，还会放弃很多千载难逢的好机会。他们的心被一层厚厚的茧包裹着，他们把自己封闭起来，不愿意敞开心扉去欣赏和接纳整个世界，更不愿意真诚坦率地与他人相处。可想而知，孩子的人生因此而沉重，孩子的未来因此而黯淡。

看到这里，一定有很多父母都感到非常震惊，他们也许会自言自语道："我从来没想到我的孩子居然如此焦虑和不安。"那么，父母如何才能发现孩子的焦虑情绪，也有效地帮助孩子缓解紧张和焦虑呢？父母只要细心观察，总能捕捉到孩子因为焦虑做出的一些特别举动。例如，孩子喜欢用假设的句式向父母提问："妈妈，如果发生地震了，我们都会死吗？""爸爸，如果我这次考试成绩不好，你会揍我吗？"当父母开始关注孩子的焦虑，那么很容易就会知道，第一个问题代表孩子对死亡感到恐惧，第二个问题代表爸爸在学习方面给予了孩子太大的压力，也因为常常揍孩子而使孩子缺乏安全感。通常情况下，那些拥有安全感、内心平和的孩子，是这么提问的："妈妈，这是什么东西？""爸爸，人为什么会死？"这样的疑问句式代表孩子不是因为焦虑而感到好奇，相反，他们的好奇来自对生命的探索和对知识的渴望。这样的孩子内心平和，充分享受自由和安全，所以他们会更加积极主动地做好很多事情，学会更多的知识。

在成人的世界里，女性往往比男性更容易焦虑。在孩子的世界里，女孩也因为心思细腻，而更容易为很多事情担心。一个人越是感到世事无常、生命无常，越是会感到焦虑，从这个意义上来说，焦虑其实是对未知的恐惧，是对自身命运的担忧。心理学家经过研究发现，焦虑是一种异常强烈的情绪状态，这也就不难理解为何当人长期处于焦虑之中时，身心都会发生巨大的变化。

如果以一个通俗的词语来形容焦虑，那么就是"纠结"。很多孩子在面对选择的时候都感到很困难，例如一个爱美的小女孩既想穿那条白色的公主裙，把自己打扮成公主；也想穿那条粉色的蕾丝裙，让自己显得非常甜美。她面对这两条裙子一时之间无法做出选择，感到特别痛苦，焦虑由此而生。如果小女孩能在短暂思考之后做出决定：今天穿公主裙，明天穿蕾丝裙，今天当公主，明天当淑女，那么她反而会为自己拥有两条漂亮的裙子，每天都可以穿得漂漂亮亮的而感到开心。正是因为如此，人们才说做人要拿得起，放得下。

有人说，人生是由无数个错误组成的。其实，人生是由无数次选择组成的。错误的出现，是因为我们没有做出最优的选择，那么为了避免犯错，很多人在选择之前，就想保证自己的选择是万无一失的。这怎么可能呢？人是凡人，而非神仙，所以没有未卜先知的能力；每一件事情也处于不断发展和变化的状态中，情况随时都会改变，因而结果也变得扑朔迷离。最糟糕的是，人生还是一条单行线，没有重新来过的机会，这就更加剧了很多人的焦虑。因而我们也可以说，无怨无悔才是人生的至高境界。

钱锺书的夫人杨绛先生，曾经创作了一本书，名字叫作《我们仨》。在这本书里，她回忆了自己与钱锺书和女儿生活的诸多场景，以及一起经历的悲欢喜乐。对于一个高龄的老人而言，在失去了丈夫和唯一的女儿之后，还能如此释然与洒脱，真的非常人所能及。

现实生活中，别说孩子容易焦虑，就连很多成人都被焦虑困扰。例如，有人在体检的时候发现肺部有结节，就整天担心自己患上了肺癌，因而寝食难安，最终没有确诊肺癌，却被确诊为重度抑郁症。这就是焦虑在捣乱。

那么，面对孩子的焦虑，父母应该怎么做呢？有些父母一旦觉察到孩子很焦虑，就会不假思索地告诉孩子"不要焦虑，想开点儿，高兴点儿"。这相当于换了一种方式告诉孩子"你正在焦虑"，反而会让孩子更加紧张和无助。父母既然不能完全控制孩子的心情，那么就要想办法调整自己的教养方式，知道孩子到底为何才感到焦虑。只有对症下药，才能药到病除。通常情况下，父母以下的教养方式会引发孩子焦虑。

第一种，父母对孩子过度管控，使孩子毫无自由可言。有些父母为了孩子完全放弃了自己的生活，这一点在妈妈身上尤为常见，很多妈妈从怀孕开始就辞掉工作，在生了孩子之后更是全心全意地当起了全职妈妈，把所有的时间和精力都用在孩子身上。殊不知，孩子小时候需要父母无微不至的关心和照顾，然而随着不断成长，父母泛滥的爱、密不透风的爱，只会让他们感到窒息。

第二种，对孩子的回避行为视而不见，甚至直接鼓励。很多问题并不因为我们假装没有看到它们，或者假装没有意识到它们的存在，它们就真的不存在。有些父母本身就像鸵鸟，在遇到问题的时候就会把头埋入沙子里，而丝毫不顾及危险正在临近。父母这样的行为会给孩子带来负面影响，而且做出这种行为的父母，本身也会鼓励或者容忍孩子的回避行为。一旦孩子知道有些事情是提也不能提的，他们怎能不焦虑呢？在这一点上，我们要学习西方医学的精神，在发现身体某个部位有了脓疮之后，不因为表皮的完好就对其视若不见，而是要当即剖开皮肤，把脓血挤出来，这样才能痊愈。对待问题，也要如此。

第三种，总是批评、否定和拒绝孩子。在家庭生活中，孩子的各种需求都需要得到满足，孩子的各种行为都需要得到父母的认可和鼓励。如果父母总是否定孩子的需求，拒绝满足孩子的需求，不管孩子做什么事情都否定孩子，那么孩子的自信心就会受到严重打击，渐渐地开始怀疑自己，认为一切的错误都在自己身上。这样一来，孩子当然会感到焦虑。

为了避免这种情况的发生，父母要多多认可和鼓励孩子，要帮助孩子建立自信，实现自身的价值，使孩子内心充实安然。在孩子比较慢的时候，父母还要意识到孩子本身内心的节奏就比成人慢，所以不要过度催促孩子。当然，父母作为家庭教育的主导者，要想帮助孩子减轻焦虑，自己首先要放松，要做到接纳孩子本来的样子，要做到欣赏孩子。很多父母理性上知道好的家庭教育应该是什么样子的，却又打着为孩子好的旗号强求孩子做好一些事情，奢望孩子达到父母的满意。不得不说，这样的爱是自私的，在自私的爱中，孩子必然感到焦虑。

作为父母，要想养育出不焦虑的孩子，就要学会接受。接受孩子的本相，接受孩子的选择，接受孩子的不完美。面对孩子点点滴滴的进步,父母都要发自内心地为孩子感到喜悦,真诚地祝贺孩子。孩子只有内心平和,才不会陷入患得患失、紧张焦虑的状态之中,才能做到对命运的一切安排安之若素。

孩子的常见情绪问题

在这一章里，我们阐述了很多关于孩子情绪的问题，也讲解了如何去应对，还深入分析了孩子的情绪问题背后隐藏的家庭真相。那么接下来，我们要系统地列举一些孩子的常见情绪问题，从而更好地帮助父母，帮助孩子。

第一种情绪问题：焦虑。

关于焦虑，在上一篇里我们已经做了详细的阐述，概括起来说，焦虑就是对未来的担忧。当孩子不确定自己将会拥有怎样的未来，又担心自己能力不足而无法应付突然发生的各种情况时，他们就会陷入深深的焦虑之中。所以父母既不要过早地告诉孩子现实生活的压力多么大，也不要对孩子提出过高的期望和过于苛刻的要求，而是要为孩子创造充满爱与自由的成长环境，这样孩子才能内心平和。在教养孩子的过程中，父母还要以少否定、多肯定，少批评、多赞扬为原则，帮助孩子树立自信。一个充满自信的孩子，相信自己有能力解决很多难题,所以他们的焦虑感也就会随之降低。如果发现孩子是一个空想家,每时每刻都在冒出各种不切实际的想法,产生杞人忧天的烦恼,那么父母还要激励孩子当即展开实际行动去做好该做的事情,在做的过程中对各种问题兵来将挡,水来土掩,那么孩子一定不会再焦虑了。

在家庭教育中,父母要占据主导地位。不管采取怎样的方式帮助孩子减轻焦虑,父母都要有良好的心态。很多父母都陷入了教育焦虑状态,对孩子的学习特别看重,甚至认为孩子就是学习的机器,这样必然使自己和孩子都陷入焦虑。父母要怀着轻松的态度看待孩子,知道孩子是独立的生命个体,尊重孩子的个性,也给孩子更大的成长空间,孩子才能不焦虑,健康快乐地成长。

第二种情绪问题:愤怒。

说起愤怒,很多父母都对此怀有误解,他们觉得愤怒是一种极其糟糕的情绪,是不应该产生的。其实不然。愤怒也有可能是好的情绪,能够增强孩子的力量,帮助孩子宣泄内心的负面情绪,促使孩子下定决心去做一些事情。所以父母不要再戴着有色眼镜看待愤怒了,而是要把愤怒看成一种正常的情绪,这样才能接纳孩子的愤怒,理解孩子的愤怒,也不再害怕孩子会产生愤怒的情绪。

要想帮助孩子缓解愤怒的情绪,首先要了解孩子愤怒的真实原因;其次要教会孩子学会表达愤怒,而不是因为愤怒失去理智;最后要引导孩子表达愤怒,而切勿压抑愤怒,或者以暴力解决问题。当父母做好了这三步,那么孩子循序渐进地就会管理愤怒情绪,学会克制自己的冲动。对于孩子而言,这样的能力将使他们终身受益。在此过程中,如果父母本身也很容易愤怒,那么要和孩子一起学会控制愤怒,一起成长。

第三种情绪问题:抑郁。

很多父母以为孩子不会抑郁,其实几岁的孩子就有可能受到抑郁情绪的影响,变得不爱说话,不爱欢笑,对很多事情都提不起兴致。那么,孩子为何会抑郁呢?如果孩子有心结没有解开,有事情没有放下,日久天长就会抑郁;如果孩子承受了太大的压力,例如学习压力、家庭压力、人际关系压力等,他们也会产生深深的挫败感,否定自己,转而抑郁。

当发现孩子的情绪出现明显改变时,父母要及时与孩子沟通,要了解孩子产生抑郁情绪的诱因,从而有的放矢地帮助孩子解开心结,解决问题,也引导孩子从过去的不开心中摆脱出来,重新感受到快乐。

第四种情绪问题:敏感脆弱。

在现代社会中,敏感脆弱是很多孩子的常见情绪问题。近年来,网络上时常爆出新闻,某某高中生或者初中生自杀了,某某小学生离家出走了,等等。作为父母,每当看到这样的新闻,常常会感到揪心，不知道现在的孩子到底怎么了，为何动辄就会自杀，以死相逼父母，以死逃避这个世界呢？孩子之所以做出这些举动，就是因为他们的内心敏感脆弱，就是因为他们找不到自己在现实生活中的位置，因而对自己的存在产生了怀疑。

那么，如何才能帮助孩子拥有内心的力量，不再那么敏感脆弱呢？这其实与父母的教育和家庭的环境密切相关。很多孩子从小就在父母无微不至的关怀中成长，还在长辈没有限度的满足和纵容中变得越来越任性。这样的孩子一旦离开了家庭，进入学校的环境中，就会产生巨大的心理落差。他们会发现其他人并不像父母和长辈那样对他们有求必应，也会发现自己在家里什么都是对的，离开了家却什么都是错的，常常被否定、批评和责怪，这样的落差是孩子无力承受的，他们稚嫩的心灵甚至不理解死亡的含义，就仓促地引领着他们走向了死亡。

父母即使再爱孩子，也不可能陪伴孩子一辈子。俗话说，父母之爱孩子，则为孩子计深远。明智的父母不会无限度地宠爱孩子、无原则地纵容孩子、无底线地包容孩子，而是会在家庭生活中为孩子制定规矩，帮助孩子明确行为边界，让孩子知道什么事情是对的，什么事情是错的，什么事情是可以做的，什么事情是不可以做的。长此以往，孩子习惯成自然，就变得彬彬有礼，做事情也很有分寸，不管走到哪里都受欢迎，他们当然会更自信，情绪的敏感度也会得以降低，因为他们常常被认可，偶尔被批评。换而言之，孩子处于平衡的状态之中，身心都保持着良好的平衡，也就具备了更为强大的自我调适能力。

除此之外，孩子还会有很多情绪问题。作为父母，在坚持以孩子为本、全然接纳孩子的基础上，再努力地提升自己的情绪修养，给孩子树立好的情绪榜样，相信孩子一定也会成为情绪达人，不但自身保持良好情绪，也能够给身边的人带来更多快乐。

第五章　读懂孩子的人际表现

　　现代社会，人际关系被提升到前所未有的高度，越来越多的人认识到人际关系不仅仅关系到我们会有几个朋友，而且关系到我们生活的方方面面，甚至还会决定我们人生的高度。因而作为父母也要读懂孩子的人际表现，这样才能及时帮助孩子修复受到损害的亲密关系，建立良好的人际关系，获得更加幸福美满的人生。

亲密关系的建立对孩子至关重要

说起亲密关系,就不得不说起妈妈与孩子之间的关系。对于每个人而言,与妈妈的关系都是生命中的第一份人际关系。新生命呱呱坠地,如果没有与妈妈之间建立亲密关系,而是处于连接中断的状态,那么即使在后来的成长中获得再多的亲情、友情与爱情,内心深处也依然是有缺失的。心理学家经过研究发现,孩子与妈妈中断连接的时候年纪越小,未来的人生因此而受到的影响就越大。

如今,社会飞速发展,经济快速增长,很多年轻人的家乡在偏远的农村或者山区,但是他们不愿意守着一亩三分地过面朝黄土背朝天的生活。他们也许在小学高年级阶段,也许在初中阶段就选择了辍学,背起行囊去遥远而又陌生的城市里打工。等到了婚育年龄,他们或者听从父母之命媒妁之言而仓促成家,或者自己在打工的地方自由恋爱,与中意的异性结为夫妻。在怀孕待产期间,准妈妈也许会回到婆家或者娘家,接受婆婆或者妈妈的照顾,而准爸爸则依然留在工厂里打工。等到孩子出生之后,有些新妈妈会哺乳孩子到一岁,有些新妈妈则让老人用奶粉喂养孩子,而自己则在孩子满月之后就迫不及待地奔赴打工地了,一则是为了挣钱,二则是为了与丈夫团圆。出于这样的情况,越是偏远地区的农村里,留守的老人和儿童也就越多。对于留守儿童的情况,不管是新妈妈新爸爸,还是老人,都觉得理所当然,他们甚至自我安慰:孩子五岁之前都不记事,老人负责喂养孩子,比年轻的爸爸妈妈更有耐心,会把孩子喂得白白胖胖的,很健康。那么,感情的连接呢?亲密关系的建立呢?这些根本不在他们的考虑范围内。

除了这些农民工之外,还有一些有文化、有稳定工作的年轻父母,也选择把孩子送回老家交给老人喂养,或者即使和孩子在一起生活,也是每天早出晚归,把孩子丢给老人,很少有大段的时间陪伴孩子。这必然使孩子与妈妈的亲密关系的建立面临障碍,也使孩子与爸爸的亲密关系的建立更加困难。

有些父母,直到孩子六岁了,要上一年级了,才把孩子从老家接到身边。他们暗自庆幸老人把孩子带到了六岁,却没想到孩子的问题这才呈现在他们面前而已。很多孩子与爸爸妈妈都很疏远,一点儿都不愿意亲近爸爸妈妈,也不听爸爸妈妈的话,这使得家庭教育根本无法展开;有些孩子对爸爸妈妈怀有仇恨的心理,尤其是当看到其他的兄弟姐妹都在爸爸妈妈身边长大,而唯独自己被送到远离爸爸妈妈的乡下之后,他们还会因为嫉妒也憎恨起兄弟姐妹来;也有的孩子智力发育迟缓,不懂得讲礼貌,不懂得遵守规矩,就像是一个野孩子那样完全不受指挥。面对孩子这样的情况,很多父母欲哭无泪,却悔之晚矣。因为他们与孩子之间未曾建立亲密关系,在孩子最需要他们的时候,他们没有陪伴在孩子身边,所以他们管教孩子的方式只有恐吓,而没有威严。

在学龄前,孩子有一个很重要的特点,那就是他们身心发展一致。换而言之,父母要想与孩子建立情感连接,就要多多地与孩子进行身体接触。细心的父母会发现,正在大哭的婴儿一旦被爸爸妈妈或者其他长辈抱在怀里,马上就会停止哭泣,恢复平静。这是因为婴儿在得到温暖的怀抱之后,就会获得安全感,情感方面也会得到满足。所以有人说过,对于一岁之内的婴儿来说,如何宠爱都是不为过的,这样有助于帮助孩子获得安全感。如今,有些毫无经验的父母生怕经常抱起孩子,会把孩子宠坏了,因而在孩子哭泣的时候,故意对孩子不闻不问。没有人知道,当一个孩子孤独地哭泣而得不到任何回应时,他的内心有多么恐惧和无助。

如今,在孩子刚刚出生,发出第一声响亮的啼哭时,助产士就要抱着孩子贴紧妈妈的脸颊,感受妈妈的温暖和气息。很多妇产科医院也都进行了改革,要求母婴同室。也有科学家经过观察发现,早产儿如果能够得到母亲的长时间拥抱,存活的概率就会大大提升。

第五章　读懂孩子的人际表现

这些都是有助于婴儿与妈妈建立亲密连接的方式。那么，如果孩子在幼年阶段没有建立这样的亲密连接，在进入童年时期和青春期之后，他们在人际交往方面就会面临很多困难。例如，他们的情绪反复无常，特别容易大起大落，他们的性格优柔寡断，甚至有严重的选择困难症状。对于他人而言很容易做出的选择，也会让他们百般纠结，甚至因此而陷入焦虑之中。他们非常孤独，身边只有极少数朋友，甚至连一个朋友都没有。在走上工作岗位之后，他们还会因为没有合作伙伴，导致在工作上的表现一团糟。甚至在结婚生子之后，他会沿袭父母的方式，与孩子之间中断连接，导致自己的孩子也面临社交困境。

在瑞瑞很小的时候，爸爸妈妈就出国了。因为担心到了国外工作繁忙，无法照顾瑞瑞，所以爸爸妈妈把瑞瑞留给爷爷奶奶照顾。转眼之间，十几年过去，瑞瑞已经读初二了。有段时间，瑞瑞因为与同学之间发生了严重的冲突，一度产生了退学的想法，老师只好打电话给瑞瑞的爸爸妈妈，说明瑞瑞的情况：瑞瑞对待同学特别冷漠，平日里既不愿意帮助同学，也很少向同学求助，就像独行侠；这次是因为与同学之间发生矛盾后针锋相对，寸步不让，才导致事态恶化的。

爸爸妈妈从不知道瑞瑞在学校里的情况，现在得知瑞瑞的人际交往情况这么糟糕，连一个朋友都没有，妈妈很担忧，当即给瑞瑞打电话。妈妈对瑞瑞说："瑞瑞，你对待同学要热情啊，不要那么冷漠。"对于妈妈的话，瑞瑞以拒人于千里之外的语气反驳道："从小到大，你们都没有给过我温暖，凭什么让我对同学热情呢？"妈妈被瑞瑞怼得无言以对，她只好安抚瑞瑞："爸爸妈妈出国务工，都是为了让你过上好日子。你出生之前咱家特别穷，村子里的人都瞧不起咱家，现在咱家也盖了大楼，日子过好了，人家才会高看咱们一眼。"瑞瑞哭着对妈妈说："钱是永远挣不完的，我只想让你们陪在我的身边。"

瑞瑞无疑喊出了无数留守儿童的心声。对于成人而言，钱财也许很重要，因为有钱才能和村子里的其他人家一样盖起高大的楼房，有钱才能为全家人挣来面子。但是，也有很多东西是即使花钱也买不来的，例如父母与孩子之间亲密无间的关系，父母陪伴孩子成长的快乐时光，孩子对父母的依赖和信任。一旦父母为了挣钱而错过孩子的成长，这一切就都无法挽回了。

父母为了给孩子留下更多的财富，辛辛苦苦地努力赚钱，却从未想过金山银山也抵不过一个败家子的挥霍。如果孩子不争气、不成才、不懂得感恩父母，他们又如何会珍惜父母辛苦赚来的钱，拼搏进取呢？那些为了孩子宁愿耽误工作，宁愿少挣钱的父母，也许只能给孩子提供不愁温饱的生活,但是在他们的陪伴下,在他们爱的浇灌下,孩子健康地成长,学有所成,品德高尚,事业有成,也许一年的时间就能赚来父母一辈子都赚不到的钱。作为父母,一定要有长远的目光,切勿觉得赚钱才是当务之急,而是要认识到孩子的成长只有一次,是不可逆的,一旦错过,就不会重来。

孩子越小,父母越是不要长久地离开孩子的身边。每当与孩子重逢,要多多地拥抱孩子,亲吻孩子,让孩子感受到父母浓烈的爱。也许有些父母会问:不挣钱,吃什么?对于一起外出务工的父母而言,可以带着孩子在身边,一个人挣钱,一个人照顾孩子。也许只要辛苦几年,等到孩子可以上幼儿园了,父母就可以一起挣钱,下午从幼儿园里接回孩子,全家团圆。人生之中,有太多的东西是我们想要的,作为父母,在孩子少不更事、最需要父母的时候,要有所选择,有所取舍。父母终究会发现,为孩子付出的一切都是值得的!

帮助孩子找到归属感

人人都需要归属感，孩子也是如此。当拥有归属感的时候，孩子就会感到安全，也会感到身心愉悦。反之，当缺乏归属感的时候，孩子就会情绪沮丧失落，感到孤单和寂寞，内心也会特别压抑，甚至迫不及待地想要逃离当下的环境，去寻找有归属感的环境。看到这里，很多父母也许会恍然大悟：难怪孩子会选择离家出走呢，原来，是因为孩子在家里找不到归属感。的确如此，大多数孩子之所以离家出走，就是为了逃离没有归属感的家，寻找有归属感的去处。

新生命呱呱坠地，要依靠家庭中父母的照顾而生存下来。正是因为如此，家对于孩子有着特殊、重要的意义。家是孩子赖以生存的整个世界，家是孩子最想回归的安全港湾，家是孩子可以随心所欲的舒适地带。父母只要认真观察就会发现，孩子是那么迫切地追求家庭的归属感，例如很多孩子都喜欢和爸爸妈妈穿亲子装，这不仅仅是因为他们觉得全家人穿一样的衣服很有趣，而且是因为这让他们获得归属感；孩子们喜欢吃爸爸妈妈爱吃的食物，还会和爸爸妈妈交流享用这些食物的感受；孩子们说话的方式和语气和爸爸妈妈很像，还会做出一些爸爸妈妈的专属动作……这一切简直太神奇了，不是吗？你可以将其归结为孩子的模仿能力很强，但是孩子对其他人的模仿并没有达到这样的程度，所以我们更想说这是孩子寻找家庭归属感的一种方式，这让孩子感受到安全，这样孩子实现了与父母紧密联系的心愿。孩子太想与父母成为同一个战壕的战友了，所以即便是那些已经长大成人的子女，也依然依恋着父母，也依然以各种方式从父母那里寻找归属感。正是因为如此，才有著名的儿童心理学家说，对于孩子而言，归属感与爱和幸福同样重要。

每一个孩子都想与家庭和父母建立密不可分的关系，有些孩子甚至以牺牲自己的幸福为代价，向父母妥协，始终忠心耿耿地追随着父母。当孩子做出这样的选择时，他们就会情绪波动，性格孤僻。也有些孩子在家庭和父母那里找不到归属感，就会转向家庭外部寻找归属感，这使孩子冒着更大的风险。例如，孩子遇人不淑，与社会青年混在一起，那么他们就会沾染上不好的习气，甚至走上犯罪的道路。也有些孩子是很幸运的，他们向外找到了自己尊敬的老师，找到了自己亲密的朋友，因而从外部得到了力量，获得了支持，得以朝着好的方向发展。

特特是单亲家庭的孩子,他的妈妈生他的时候因难产去世了,他从一出生就与爸爸相依为命。爸爸作为一个大男人,既要当好爸爸,照顾特特,又要兼顾工作,赚钱养活特特。人们常说一把屎一把尿地养大孩子,这可真是特特爸爸的真实写照啊!人们认为,特特出生于这样的家庭里,一定很懂得感恩爸爸,也很听话懂事,追求上进。事实却恰恰相反。特特平日里不喜欢和同学们一起玩,最喜欢和在社会上游荡的小混混一起玩。在特特上小学五年级时,爸爸工作特别忙,每天都早出晚归,有的时候一个星期都留在厂子里加班。特特感到非常孤独和寂寞,他想:只要爸爸现在在家里,哪怕打我一顿也好啊!然而,家里只有特特,到处都冷冷清清的。就在这个时候,特特被坏朋友带着去网吧上网。他第一次玩游戏,感到有趣极了。爸爸留下的生活费很快就被特特花完了,特特还想去网吧,怎么办呢?特特就和坏朋友们一起偷东西。

他们越偷越胆大,后来在偷窃自行车的时候被便衣警察抓住,带到了派出所里。在警察的询问下,他们交代了此前所有的偷窃行为。警察又通知了他们的父母来领人。得知特特已经一个多星期没看到爸爸了,等到特特爸爸来到派出所时,警察狠狠地批评了特特爸爸:"你这个爸爸是怎么当的,孩子都在网吧里玩了一个星期了,你都不知道吗?你还把未成年人独自留在家里,你这样的爸爸在国外是会被剥夺监护权的,知道吗?"爸爸赶紧和警察解释自己最近工作太忙了，警察不由分说地打断爸爸的辩解，说："不管出于什么原因，你都不能对孩子不闻不问，你必须好好地管教孩子。"经过警察的一番教导，爸爸意识到特特已经走上了犯罪的道路，是因为年纪小所以不用承担法律责任，但是如果等到长大了还是这样贼性不改，那么很有可能锒铛入狱。爸爸当即下定决心要换一份工作，一边陪伴特特，一边赚钱。有了爸爸在家，特特虽然本性难改，但还是有所收敛。爸爸呢，也常常和特特谈心，带着特特出去玩，以弥补对特特的亏欠。经过几年的相处，爸爸终于在特特十八岁之前，温暖了特特的心，让特特走上了正道。

在这个事例中，特特就是因为爸爸不在家，缺乏爸爸的陪伴和关爱，在家庭生活中找不到归属感，因而转向外部寻找归属感。但是，他很不幸，遇到了那么多偷窃成性的朋友，带着他去网吧里玩，还引诱他走上了偷窃的道路。幸好那个负责任的警察严厉批评了爸爸，爸爸才能反思自己的问题，也才能给予特特更好的对待。

很多父母一旦看到孩子与社会上的闲杂人等混在一起，就会说孩子是被朋友带坏了。那么，孩子为何没有被父母带好呢？这是父母应该深刻反思的问题。如果父母关心孩子，给予孩子积极正向的力量，孩子又怎么会那么容易受到坏的影响呢？每个孩子都像是一张白纸，而父母就是第一个在这张白纸上落笔的人。父母要珍惜描摹这张白纸的机会,要用心地对待孩子,尤其是要给予孩子安全感和归属感。

当孩子进入青春期之后,父母更要关注孩子结交朋友的情况。这不是说父母要限制孩子结交朋友,而是说父母要注意引导孩子结交好朋友,肩负起为孩子交朋友把关的重要责任。在日常生活中,父母也要常常陪伴孩子进行一些有益的活动,而不要任由孩子每天无所事事。古人云,近朱者赤,近墨者黑。青春期的孩子很想融入同龄人的团队之中,也很容易受到同龄人的影响,所以同龄的朋友对他们的成长影响很大。

近些年来,校园霸凌现象特别严重。一些影视作品为我们揭示了校园霸凌的真相,也为每一位父母敲响了警钟。在校园霸凌现象中,不管是被欺凌者,还是欺凌同学的孩子,都会受到严重的身心伤害。作为父母,一定要密切关注孩子的学习表现、成长表现,也一定要引导孩子以良好的方式与同龄人之间建立健康的关系。

那么,如果孩子已经结交了不好的朋友,父母又该怎么办呢?大多数父母会对孩子生拉硬拽,试图拉着、拽着孩子回归家庭,这是错误的做法。孩子是鲜活的生命,具有独立行动的能力,如果说孩子小时候还很听父母的话,那么在进入青春期后他们有了自己的想法,就不愿意对父母言听计从了。在这种情况下,父母要想让孩子回归家庭,当务之急是要建立家的归属感,其次是让孩子多多接触那些充满正能量、积极向上的朋友。如此双管齐下，孩子才能既找到归属感，也找到好朋友，成长不再迷惘和孤独，而是感到充实且快乐！

让孩子拥有好人缘

作为父母,即使始终怀着一颗赤子之心与孩子相处,也无法取代同龄人在孩子成长过程中的重要作用。这是为什么呢? 从本质上而言,亲子交往和孩子与同伴的交往是截然不同的。在亲子交往中,父母与孩子的地位是"不平等"的,父母往往占据主导地位,又因为父母特别疼爱孩子,所以常常想方设法地满足孩子的各种需求,使孩子备受呵护。但是在与同伴相处的过程中,孩子们之间的地位是平等的,权利也是平等的。他们必须学会互相让步,彼此合作,乐于分享,才能更快乐地在一起玩耍。一旦有某个孩子表现出任性霸道、自私自利、独断专行的特点,就会被其他孩子抵触。正是因为如此,有些父母才会感到纳闷:我家孩子在家里可是很乖巧的,特别听话懂事,为何到了幼儿园里却没有朋友了呢?

孩子没有朋友,这可不是一件小事情。心理学家提出,同伴关系到孩子的成长,是孩子成长过程中至关重要和不可替代的人际关系。所以父母要重视孩子的人际交往，当发现孩子没有朋友的时候，要积极地找出原因，解决问题。

慧慧在家里是个乖乖女，特别听话懂事，讨人喜欢。慧慧已经三岁了，再有两个月，到了九月，就要进入幼儿园小班了。原本，妈妈以为慧慧进入幼儿园之后肯定适应很快，因为慧慧在妈妈的调教下具备了很强的自理能力，可以独立穿衣服、吃饭、如厕，有了特殊的需要也能勇敢地说出来。但是，慧慧入园第一天就哭了好几次鼻子。原来，慧慧初到幼儿园觉得特别新鲜有趣，不管看到什么玩具都想玩，哪怕是其他小朋友正在玩的玩具，她也会去抢，因而被老师以很温和的语气批评了。慧慧在家里可从未得到过这样的对待啊，所以她当即哇啦哇啦地大哭起来，觉得万分委屈。

次日，慧慧哭闹着怎么也不愿意去幼儿园，妈妈连哄带骗，好不容易才带着慧慧去了幼儿园，也顺便向老师问清楚情况。得知事情的原委，妈妈恍然大悟："我家就慧慧一个孩子，我和慧慧爸爸也都是独生子女，所以慧慧真是习惯了想要什么就有什么，想要什么就得到什么。以后，我会慢慢地教她规矩，让她不要和小朋友抢夺玩具。其实，她在此之前，包括现在，也许都不知道抢夺是什么意思。这是我们教育的疏忽，我只想着要训练她自理，为入园做好准备了。"老师很理解慧慧成长的情况，安抚慧慧妈妈："没关系的，几乎每个孩子进入幼儿园都会有些不适应,过一段时间就好了。"

在成长的过程中,慧慧没有同伴的陪伴,环绕在她身边的,是爱她如命的姥姥姥爷、爷爷奶奶和爸爸妈妈。正因为如此,慧慧在进入幼儿园与小朋友们相处的时候,才会出现不懂得分享、不遵守规矩的问题。如今,很多孩子都和慧慧一样是双独父母的独生孩子,这使得他们在家庭生活中要风得风,要雨得雨,渐渐地形成了以自我为中心的坏习惯。作为父母,要有意识地为孩子创造与同龄人交往的环境,例如让孩子与其他亲戚朋友家的同龄孩子一起玩耍,带着孩子去儿童游乐场,教会孩子排队等好习惯。

当孩子与同龄人相处产生矛盾的时候,爱子心切的父母还要避免"护犊子"的行为。所谓"护犊子",指的是父母护着自己家的孩子,生怕自己家的孩子吃亏了。其实,年纪相仿的小朋友们在一起玩耍,力气都差不多大,又因为小朋友们心思单纯,彼此之间产生矛盾无非是因为争夺吃的或者玩具,对于成人而言都是不值一提的小事情,所以父母们切勿为了护着自己家的孩子就与对方孩子的父母争吵起来。否则,就会给孩子树立糟糕的榜样,使孩子自私自利、蛮不讲理的行为变本加厉。

具体来说,孩子与同龄人相处,带来的好处是很多的。

首先,与同龄人交往,孩子能够认识自我,促进社交技能发展,获得社会支持。每一个孩子都需要认识自我,然而,不识庐山真面目,只缘身在此山中。了解自己是很难的,因为人是主观动物。但是,当孩子以旁观者的角度看待同龄人的行为举止时,他们就会在不知不觉间通过观察同龄人来了解自己,也借助于同龄人的错误反省自己,还有可能在看到同龄人得到认可与表扬的时候模仿同龄人呢!这些方式,都是孩子在学习的表现。

融入同龄人的团队中,与同龄人相处,孩子就能够发展社交技能,也因为寻找到归属感和安全感,而获得情感上的满足,也获得社会支持。即使很小的孩子,也是需要同伴圈子的,例如在学龄前,孩子们来到公园里,就会想要寻找自己的小伙伴。朋友会陪伴孩子度过一生,例如青春期的孩子需要向朋友倾诉,成年人也需要朋友的陪伴。

其次,孩子们和同龄人一起玩耍,很容易就会形成小群体。进入小学阶段之后,孩子们与同龄人玩耍的时间越来越长,如果不是每天放学之后都要写作业,他们恨不得和同龄人一起玩到天黑了再回家呢!有些孩子在学校里和某些同学的关系特别要好,那么即使放学回到家里,他们也会数次提起好朋友的名字。和学龄前与朋友玩具有很大的随机性不同,在进入小学之后,孩子对朋友的选择要求会越来越多。在形成相对稳固的小团体之后,他们还会一起合作完成某些事情,如果获得了成功,他们就会获得成就感和巨大的喜悦。

随着与同伴相处的时间越来越长,孩子们对同伴会越来越看重。他们会积极地帮助同伴,在遇到难题的时候,也会主动地向同伴寻求帮助。有些孩子还很乐于和同伴分享,他们认为分享能够让快乐加倍。在此过程中,孩子的社会性得以发展,他们越来越接近于社会人。

既然与同龄人交往有这么多好处,父母当然要支持孩子与同龄人交往。在给孩子交朋友把关的时候,父母要避免一个误区,即不要带有功利性的思想,要求孩子必须结交品学兼优的朋友。其实,父母只要保证孩子不与品行不好的孩子一起玩,避免孩子受到负面影响就好。毕竟,孩子结交朋友不是以学习表现和分数高低为标准的,所以父母要给予孩子交朋友的权利,也要尊重孩子和孩子的朋友。

读懂孩子的"大方"与"小气"

面对孩子的"大方"与"小气",很多父母都会感到迷惘,因为他们不知道如何界定孩子的行为。从心理学的角度而言,孩子在两岁之前没有小我的概念,也就是说,他们并没有把自己与外部世界区分开来,所以他们认为自己和外部世界是一体的。这使得两岁之前的孩子特别"大方",他们从来不会心疼自己的东西,不管拿着什么,都有可能分享给其他小朋友。看到孩子如此"慷慨大方"的表现,很多父母都会感到欣喜:真好,我家孩子不护食,也不护东西,将来一定能结交很多朋友。

然而,到了两岁前后,尤其是在两岁之后,父母惊讶地发现孩子变得"小气"了,他们拿到任何东西都会说"我的,我的",而且看到有人向他们讨要,他们马上就会拿着东西走开,生怕自己的东西被抢走。两岁的孩子还表现得蛮不讲理,看到其他小朋友手里拿着的玩具,他们也会走上前去理直气壮地抢夺,口中依然念念有词:

"我的，我的！"看到孩子这样的举动，父母未免感到啼笑皆非：这个家伙难道是个强盗吗，看到别人的东西也抢。不要急于批评孩子呀，作为父母，要知道两岁的孩子刚刚有了物权概念，那么在物权概念发展的初期，他们还分不清楚我的和你的，以及他的，他们只知道任何东西都是我的。正因为如此，这个阶段的孩子才表现得像个"小土匪"，随时抢夺别人的东西，又表现得像个"吝啬鬼"，不管父母怎么劝说，他们就是不愿意把玩具借给其他小朋友玩一下。

作为父母，不要为孩子这些看似"小气"的行为而感到尴尬和难堪，更不要因此而责怪孩子。随着物权概念的逐渐形成，孩子终于能够区分我的、你的和他的，他们才能形成分享意识，真正地变得大方起来。也可以说，物权概念是分享的基础，没有物权概念的"大方"，例如孩子两岁之前的"大方"，只是无意识的大方而已。作为父母，要读懂孩子的无意识的大方、有意识的小气和真正的大方。

咘咘是个很可爱的小女孩，长得白白净净，有一双漂亮的大眼睛和一张红红的小嘴巴，让人一看就很喜欢。在小区的广场上，咘咘可是不折不扣的公众人物，每天都有好几个小朋友等着咘咘出来玩呢！这不但因为咘咘漂亮得就像个洋娃娃，还因为咘咘非常"大方"。

咘咘有很多玩具,每次从家里出来,她都拿很多玩具放在小推车里。妈妈呢,也愿意给咘咘多带玩具,因为这样会吸引很多小朋友围绕在咘咘的身边,咘咘总是和小朋友们玩得很开心。这一天,妈妈和往常一样推着咘咘和玩具来到广场上,让妈妈没想到的是,这次咘咘一反常态,怎么也不愿让小朋友碰她的玩具。当看到妈妈拿了一个玩具给其他小朋友玩时,咘咘还撕心裂肺地哭了起来。妈妈很无奈,特别不好意思地把玩具又拿了回来,尴尬地说:"咘咘变得小气了。"这时,对方孩子的妈妈说:"孩子这是进入物权敏感期了,她知道这些东西是属于她的了。"妈妈很惊讶:"啊,难道她之前不知道这些东西是属于她的吗?"那位妈妈笑起来,说:"她之前以为自己、玩具和其他所有的东西都是一回事,没有归属之分。"妈妈恍然大悟,哈哈大笑起来:"这么说,以前大家都夸咘咘大方,是夸错了。"在场的几个妈妈都笑了起来。

后来,妈妈查阅了很多关于物权敏感期的材料,意识到这是培养咘咘分享意识的好机会,当然前提是让咘咘知道有些东西不是咘咘的,而是其他小朋友的。此后,再带着咘咘出来玩的时候,妈妈会要求咘咘与小朋友交换玩具玩。渐渐地,咘咘又开始愿意与小朋友分享玩具和美食了,妈妈如释重负地说:"咘咘终于真大方了!"

每个孩子都会经历大方与小气的轮番出现,父母先不要急于给孩子的行为定性，而是要透过孩子的行为，观察到孩子进入了特殊的身心发育阶段。这样父母才能引导孩子学会真大方，也教会孩子真小气，例如引导孩子学会拒绝等。这些对于孩子而言都是成长的必备技能，都会对孩子未来的人生产生深远的影响。

当然，父母的言传身教对孩子的影响也是很大的。有些孩子已经长大了，还是很小气，就与父母的影响和家庭生活的氛围密切相关。例如，父母本身就是很小气的人，不愿意与身边的人分享，那么孩子看在眼里，记在心里，就会模仿父母的样子去做。再如，有些父母还会叮嘱孩子带了零食不要给其他同学吃，看起来父母是希望孩子能多吃一些，实际上孩子会感到很迷惘，渐渐地，他们不知道应该分享还是应该自私。在他们原本心里也不想分享的情况下，他们就会借着父母的叮嘱名正言顺地小气起来。最终，孩子会因为不愿意分享而失去很多结交朋友的好机会，也会倍感孤独。和分享的那点儿美食相比，获得加倍的快乐才是孩子最大的收获！

第五章 读懂孩子的人际表现

孩子的常见人际表现

每一个孩子在人际交往方面都会遇到很多问题,在这些问题中,有一部分问题是因为孩子在家庭生活中养成的坏习惯导致的,有一部分问题则有很大的代表性,是大多数孩子都会遇到的。我们对这些问题进行了总结,阐述如下,希望能给父母和孩子们更多的帮助。

第一个常见的人际表现:害羞。

很多父母或者长辈在教养孩子的过程中,因为担心孩子出去玩会磕碰到,还有可能遇到坏人,所以常常把孩子关在家里的安全环境中,让孩子独自玩玩具、做游戏。日久天长,孩子变得越来越孤独,同时又因为与同龄人接触少,也极少有机会见到陌生人,因而出现认生、害羞等情况。每当见到陌生人的时候,他们就会因为害怕而想要躲藏起来;每当家里有客人到访的时候,他们往往把自己关在房间里,不愿意出门与客人打招呼,或者招待客人;每当在人多的场合里,他们并不像有些小朋友那样落落大方地争取机会表现自己，而是会畏首畏尾，生怕自己会被他人关注到。总而言之，他们害怕被看见，只想被隐没。长此以往，害羞会给孩子的成长带来很多困扰，也使孩子在成长过程中错失很多机会。

要想让孩子变得落落大方，面对他人的时候不卑不亢，有礼有节，父母在教育孩子的过程中，就要经常带着孩子见人，为孩子提供机会与同龄人一起玩耍。每当逢年过节，家人齐聚一起的时候，父母还可以鼓励孩子当着大家的面展示才艺。渐渐地，孩子的胆子就会越来越大，害羞的表现就会大大好转。

第二个常见的人际表现：欺负其他小朋友。

和害羞的情况截然不同，这种表现类型的小朋友天不怕地不怕，还是个自来熟。换而言之，他们不管来到怎样的环境里都不会感到害怕，更不会羞怯，反而仿佛置身于自己熟悉的环境中一样，随意自由地做各种事情。当看到其他小朋友正吃着好吃的食物或者玩着好玩的玩具时，他们当即就会上前抢夺。这种类型的小朋友还有一个明显的表现，那就是他们有一定的暴力倾向，稍有不如意就会对其他小朋友动手，甚至还会无缘无故地打其他小朋友。对于这样的孩子，其他小朋友当然会敬而远之，其他的父母也往往会叮嘱自家孩子不要和这样的孩子一起玩。

那么，孩子为何会养成欺负人的坏习惯呢？究其原因有三点。第一点，父母喜欢动手打孩子，孩子不知不觉间就养成了爱动手的坏习惯。第二点，孩子任性霸道，在家里随心所欲，所以到了家以外的地方依然以自我为中心，认为所有人都必须听从自己的指挥。第三点，孩子受到了父母错误的引导。有些孩子原本是比较胆小的，出去玩只有被欺负的份儿，那么父母一旦得知孩子被欺负，就会要求孩子打回去，以暴制暴，又因为孩子还小，无法区分对方对自己到底是怎样的，所以就会出现防卫过度的现象。其实，以暴制暴是不能从根本上解决问题的，父母在教育孩子的时候一定要避免矫枉过正。

当发现孩子欺负其他小朋友的时候，父母除了要严厉批评孩子之外，还可以引导孩子设身处地地为其他小朋友着想，例如询问孩子："如果有人抢走了你的东西，你伤心不伤心呢？""如果有人把你的手都挠红了，你觉得疼不疼呢？"在这样的提问引导下，相信孩子会对被欺负的小朋友感同身受，也就能够深刻认识到自己的错误，从而避免下次再犯同样的错误。

第三个常见的人际表现：争强好胜，忌妒心强。

对于孩子的忌妒心，有些父母并没有意识到其危害，反而觉得孩子争强好胜，忌妒心强是好事情。的确，适度地忌妒他人，能够促使孩子更加努力。然而，如果孩子过度地忌妒他人，那么就会出现心理扭曲。所以父母要重视孩子忌妒的表现。当孩子表现得过于争强好胜时，切勿再对孩子火上浇油，而是要给孩子泼水降温，告诉孩子既然有竞争,就有胜负输赢,很多时候只要尽力了就好,不要那么在乎结果。

通常情况下,孩子争强好胜是为了赢得关注。为了满足孩子的心理需求,父母要看到孩子努力的过程,认可孩子的努力,而不要总是对孩子提出过高的目标,使得孩子尽管坚持付出也得不到想要的结果,因而感到挫败。父母要引导孩子进行正确的比较。正确的比较就是纵向比较,即把自己与自己比,看看现在的自己比起以前的自己是否有了很大的进步,如果有进步,那就是值得赞赏的。需要注意的是,要慎重使用横向比较。横向比较就是把孩子与其他孩子比较,有些父母还会用自家孩子的缺点和不足与其他孩子的优势和长处进行比较,显而易见,这对孩子是极其不公平的。而且,如果父母总是把别人家的孩子挂在嘴边,还会更加激发孩子的忌妒心理,使孩子把对方当成自己的假想敌。

第四个常见的人际表现:欺凌者与被欺凌者。

有些孩子遭受欺凌之后会向父母寻求援助,但是父母却对此不以为然,他们认为:都是孩子,打也不疼,能有多严重呢!因而在劝说孩子不要斤斤计较,对欺负人的同学敬而远之之后,他们对孩子的倾诉也就不了了之了。现实的情况是,校园欺凌的现象近些年来变得越来越严重,不管是欺凌者还是被欺凌者,都因此而承受了巨大的心理压力,被欺凌者还面对着严重的身体伤害和情感创伤。

作为父母，在得到孩子的求助之后，一定要对此引起高度重视，而切勿将其简单地视为孩子们之间的小打小闹。

从欺凌者的角度而言，他们之所以采取很多极端的手段欺辱同学，与他们心理扭曲压抑，想要通过欺凌的方式引人关注是密切相关的。在家庭生活中，他们得不到归属感，也感受不到父母的爱与关注，所以就以这样错误的方式去填满内心的空虚。作为父母，在发现孩子做出欺凌行为后，切勿只顾着批评或者惩罚孩子，而是要分析孩子心理上的原因，才能有效地解决问题。

从被欺凌者的角度而言，他们被分为两种类型。第一种被欺凌的孩子自身很弱小，性格软弱怯懦，又很爱哭，所以不能做到奋起反抗，保护自己。欺凌者看到被欺凌者只能逆来顺受，心理上得到极大满足，也就会更加变本加厉。第二种被欺凌的孩子言行举止令人讨厌，他们既没有与父母建立亲密的关系，也没有学会如何与身边的人建立良好的关系，因而在人际相处的过程中，不知不觉间就会挑衅其他同学，使得其他同学对他们采取非常手段。这两种类型的孩子有一个共同点，那就是他们都不擅长人际交往，都不能顺利地建立良好的人际关系。

作为父母，为了避免自家孩子受到欺凌，一则要以身作则，教会孩子如何与人沟通，如何与人相处，为人处世一定要有礼貌，正所谓礼多人不怪嘛。二则先礼后兵。在对他人礼貌周到之后，如果还被欺负,那么父母就要让孩子展示出强势的一面。人都会欺软怕硬,大多数欺凌者享受的是欺辱他人的快意,而非想要与他人打个你死我活、鱼死网破。所以一旦被欺凌者奋起反抗,表现出巨大的决心和破釜沉舟的勇气,那么欺凌者反而会退缩。作为父母,要作为孩子最坚强的后盾,要关注事态的发展,既保护好自家孩子不受欺凌,也避免自家孩子因为被欺负得着急了而做出冲动的反击之举,导致严重的后果。

在孩子成长的过程中,人际交往的问题总是层出不穷。作为父母,要做好心理准备迎接这些问题的到来,也可以未雨绸缪地教会孩子很多与人交往的技能,从而避免问题的发生。只有建立良好的人际关系,得到友谊的滋养,孩子的心理才会健康发展,感情需求也才会得到满足。

第六章　读懂孩子的学习

　　说起学习，很多父母马上就精神抖擞，因为他们最关心的就是孩子的学习，至少看起来如此。也许就是从孩子们进入小学阶段开始，父母们逍遥自在的好日子就结束了，从一年级开始，父母就受到班级群里各种各样来自老师和其他父母的信息的狂轰滥炸：听到已经有孩子开始在课外班学习英语了，不由得担心起自家孩子的英语水平来；听说这次考试全班有六个满分，却没有自家孩子的份儿，更是忐忑不安；听说有几个女孩被选中在学校举办的联欢会里表演舞蹈，又懊悔起自己在孩子小的时候没有狠下心来逼着孩子学习才艺……孩子的学习，岂是靠着跟风就能过关的呢！父母必须读懂孩子的学习，才能淡定从容地陪伴孩子成长。

兴趣是最好的老师

学习是一件快乐的事情吗？当然不完全是，因为有些知识学起来还是很枯燥的。只有少数人能从学习中感受到纯粹的快乐，大多数人都是靠着理性来支撑学习的动力，保持学习的状态。在那少数感受到学习快乐的人中，几乎所有人都对学习产生了浓厚的兴趣。正因为如此，人们才说兴趣是最好的老师。其实，兴趣才是学习的原动力呢！

那么，如何培养孩子对学习的兴趣，或者是对某一项才艺的兴趣呢？这可要父母多多用心，狠下功夫了。首先，父母要培养孩子的兴趣。既然是培养，父母就要有足够的耐心，而不要动辄就强迫孩子，更不要因为孩子表现得不尽如人意，就否定或者批评孩子。如果父母不能保持平静的心态，总是急功近利，那么非但不能培养孩子的兴趣，还会扼杀孩子已经萌芽的兴趣。作为父母，对于孩子的成长一定要有极大的耐心。每一种花都有自己的花期，每一个孩子也有自己绽放的时光，父母唯有等待孩子的花期到来，才能看到孩子的绽放。

其次，父母要支持孩子的兴趣。很多父母并不在乎孩子真正感兴趣的是什么，他们在乎的是自己希望孩子成为怎样的人。为此，父母的希望与孩子真正的兴趣之间就开始了一场角逐，最终父母成为胜利者，孩子就会失去自己的兴趣。很多父母都自诩为这个世界上最爱孩子的人，那么就该知道爱一个人就给他想要的，爱一个人就尊重他的想法。对待孩子，同样要遵循这个原则。父母要多多支持孩子发展兴趣爱好，要为孩子提供更方便的条件，必要的时候也给予孩子大力帮助。相信当孩子坚持做自己感兴趣的事情，并且从中收获成就感，感受到幸福和满足时，他们会感谢父母的理解和用心。

再次，父母不要把自己没有实现的人生理想强加于孩子身上。很多父母都有一个错误的观点，即认为自己既然生养了孩子，抚育了孩子，所以理所当然地就有权利代替孩子做出很多决定，其中也包括为孩子选定人生道路。事实上并非如此。孩子尽管因着父母来到这个世界上，但是他们既非父母的附属品，也非父母的私有物，他们是一个独立的生命个体，他们有自己的思想和主见。父母所要做的，是在孩子年幼时照顾孩子，是在孩子成长中帮扶孩子，是在孩子长大后目送孩子飞向属于自己的辽阔天空。当父母做到这一点，就是最好的父母。

最后，父母要拓展孩子的兴趣爱好。有些父母认为兴趣爱好不能当饭吃，考试的时候也不会算分数，有什么必要存在呢？当然，兴趣爱好也许不会决定您的孩子最终考入一所怎样的大学，但是却会决定您的孩子在未来的人生中能够感受到多少快乐、幸福与满足。人总是要有一点儿精神寄托的，如果除了学习和工作再无任何其他的事情可做，那么人生也就太兴致索然了。

细心的父母会发现，那些有兴趣爱好的孩子，那些不把学习作为唯一的孩子，他们的心智发展更加健全，他们的成长过程更加充实精彩。即便长大成人之后，当有烦恼无从排解的时候，他们也可以做自己喜欢的事情，例如绘画、唱歌、跳舞、打球等，这些都是不可取代的解压方式。反之，如果父母把督促孩子学习作为生活中唯一有意义的事情，也要求孩子把学习当成自己的唯一任务，那么孩子在学习方面就会呈现出发展迟缓、后续乏力的情况。作为父母，对于孩子的成长，一定要有高瞻远瞩的意识，要有长远的目光，要认识到孩子的成长是全面立体的，而不是平面的。

既然兴趣如此重要，有些父母对待兴趣的态度当即就会发生巨大的转变，他们会给孩子报名参加各种各样的兴趣班，有些孩子每到周末既要上补习班，又要上兴趣班，甚至要奔波好几个地方上多门课程。试问，作为成人如果疲于奔命，还能以最好的状态投入学习之中吗？所以发展孩子的兴趣要有科学性，要以孩子的天赋为基础，要尊重孩子的意愿。也有一些父母会问：说了这么多，有没有什么兴趣是有利于学习的呢？好吧，既然现状逼迫我们作为父母必须关心孩子的学习，那么激发孩子的学习兴趣也就成为重中之重。

没有人愿意被人强迫，孩子也是如此。当父母习惯于以高压政策强制要求孩子坚持学习时，孩子对待学习的态度顶多是敷衍了事而已。明智的父母会引导孩子学以致用，让孩子意识到学习的所有知识都有助于自身的成长；明智的父母还会带着孩子看遍大千世界，让孩子意识到世界这么大，生活这么精彩，要努力地以知识壮大自己，才能让自己成为人生的主宰。真正成功的父母本身就是孩子最好的榜样，他们通过努力改变命运，创造精彩的人生，为孩子提供优裕的成长条件，这一切孩子都看在眼里，记在心里，他们怎么会不模仿父母的样子在学习方面发挥所长，拼尽全力呢？

总而言之，不管是在发展特长方面，还是在学习方面，兴趣都是孩子最好的老师，父母更是要发现孩子的兴趣，发展孩子的天赋，激发孩子的好奇心，让孩子成为世界的探索者，也让孩子尽情地在知识的海洋里畅游！

孩子为何会出现偏科表现

每当提起孩子的学习，总是几家欢喜几家愁，有些孩子天生就是学霸，有些孩子以勤补拙也能获得不错的成绩，有些孩子却天生就是不爱学习，哪怕父母在他们的学习上投入多少，他们依然平淡无奇。最让人抓狂的是那些偏科的孩子，他们也许是数学领域的天才，却是语文学习方面的蠢材；他们也许天生就对文字特别敏感，只可惜他们只擅长中文，而不擅长英文；还有的孩子只喜欢学习副科，例如音体美，而不喜欢学习主科，例如语数外。在追求全面发展的今天，有些原本很优秀的孩子恰恰因为偏科，与自己心仪的大学失之交臂了。

其实，孩子偏科并非天生的，父母切勿因为孩子偏科就放弃孩子在该门学科的学习，只要正确地引导孩子，及时纠正孩子偏科的表现，孩子在学习方面就会有很大的进步。那么，孩子偏科到底有哪些原因呢？

第一点，孩子不喜欢任课老师。看到这个原因，也许有些父母会感到难以置信：孩子会因为不喜欢任课老师，就讨厌一门学科吗？虽然这个理由听起来有些太不切实际了，但是事实恰恰如此。事实证明，有相当一部分孩子是先对老师产生了厌倦心理，继而才对学科学习漫不经心的。因而当听到孩子说起讨厌某个老师的时候，父母切勿掉以轻心，而是要当即观察孩子对该门学科的学习情况。在成人的世界里，一切都以理性为原则，所以很少有成人会因为个人的喜好就与钱过不去。但是孩子心思单纯，思考问题也不会想得那么长远，所以他们是完全有可能因为个人的喜好就与分数过不去的。

作为留守儿童，杨浩从小就和爷爷奶奶一起生活，她的爸爸妈妈都在外地打工，离家千里。每年，只有过年的时候，爸爸妈妈才会回到家里，陪着爷爷奶奶和杨浩一起过节。小的时候，杨浩虽然时常想念爸爸妈妈，但是知道爸爸妈妈在挣钱，又因为看到村子里其他孩子也和她一样与爷爷奶奶一起生活，所以并没有太多的想法。自从进入县城的一所初中读书，杨浩的心态发生了微妙的改变。每天，看到其他同学不是爸爸来接，就是妈妈来接，而自己只能住在老师兼职开的民宿里，吃着最清淡寡味的饭菜时，她愤愤不平地想："为何其他同学都和爸爸妈妈一起生活，我却要和爷爷奶奶一起生活？"她总是这么想，情绪起伏很大。后来，班级里新换了一位英语老师，说话特别直接，因为杨浩的作业完成得不好，这位老师就当着全班同学的面批评杨浩："杨浩，听说你的爸爸妈妈都在外地打工。你这样不思进取，怎么对得起爸爸妈妈那么辛苦啊！"正是这句话，使杨浩把对爸爸妈妈的不满都转移到了英语老师身上，从此之后她怎么看英语老师都不顺眼，在原本很擅长的英语学习方面竟然一落千丈，学习成绩急剧下降。

期中考试后，班主任把杨浩的学习情况告诉了杨浩的爸爸妈妈。得知杨浩的英语学习出现了这么大的退步，妈妈当即打电话给杨浩询问原因。杨浩支支吾吾，说不出个所以然来，妈妈急得问道："你早恋了吗？"杨浩连声否定："妈呀，你想到哪里去了。我只是不喜欢这个英语老师，不想上她的课。"妈妈又问杨浩为何不喜欢这个英语老师，杨浩却什么都不愿意说了。后来，妈妈拜托杨浩的表姐和杨浩谈心，这才知道英语老师当堂说过不合时宜的话。妈妈苦口婆心地劝说杨浩："杨浩，学习是你自己的事情，考试考了高分，你自己脸上也有光彩。你不要和老师怄气啊，说不定过段时间又换老师了，到时候你退步这么多，就追赶不上来了。"妈妈哪里知道，杨浩一直都在埋怨爸爸妈妈没有留在她的身边陪伴她呢，所以杨浩对妈妈所说的话左耳朵进，右耳朵出，根本没放在心上。后来，杨浩没考上高中，初中毕业就走了爸爸妈妈的老路，也外出打工了，只不过她没有去爸爸妈妈所在的城市。

在这个事例中，英语偏科，其实是杨浩的一个情绪出口。她先是对父母不满，继而因为英语老师的那句话，把对父母的不满转移到英语老师身上，因而对英语老师感到讨厌。在这些负面情绪的持续发力之下，杨浩在英语学习方面越来越被动，越来越落后。在初中阶段，每门学科的学习都是非常紧张的，杨浩在经过一段时间的懈怠之后，再想在学习上迎头赶上，可就很难了。

经过仔细观察，父母们就会发现，孩子果然对于喜欢的任课老师教授的课程满怀期待，而对于讨厌的任课老师教授的课程则心怀抵触。因而当发现孩子偏科时，父母也要考察孩子对于任课老师的态度如何。面对孩子讨厌某个任课老师的情况，父母不要给孩子讲那些大道理，试图说服孩子转为喜欢老师，而是要采取切实有效的措施，拉近孩子与老师之间的距离。例如，父母可以带着孩子登门拜访老师，与老师私下里多多沟通和交流，这样孩子就会发现对老师形成刻板的课堂印象是不对的，在私底下老师其实也很幽默风趣，并且也很喜欢他呢！这样一来，孩子感受到老师对他的喜欢与亲近，自然就会缓和与老师的关系，渐渐地消除对老师的讨厌之情，也就能够有效地改善偏科的情况了。日常生活中，父母当着孩子的面说话还要特别小心，切勿在孩子面前说起任何老师的坏话，更不要否定或者贬低老师，因为父母这样的态度会对孩子造成一定的影响，使孩子对老师的感情在不知不觉间发生变化。父母要保护好孩子的向师性,培养孩子对老师的尊重之意和亲近之情,这样孩子与老师的关系才会更亲昵,相处也会更和谐融洽。

第二点,在排除了孩子不喜欢任课老师这个因素后,如果孩子还是表现出明显的偏科倾向,那么父母就要询问孩子在该门课程的学习方面是否存在困难。人的本性就是趋利避害,对于自己轻轻松松就能学好的课程,孩子当然很愿意学习,也会因为经常能得到老师的表扬或者考试成绩不错而受到鼓舞,由此进入学习的良性循环状态。与此恰恰相反的是,如果孩子在某门课程的学习中遇到了很大的困难和障碍,例如前面缺课或者学习不认真,导致对后面的内容根本听不懂,那么就要及时帮助孩子参与补课,扫清障碍;再如孩子对这门课程缺乏兴趣,不能做到主动学习,那么要引导孩子把这门课程的相关内容与现实生活联系起来,这样孩子就会知道这门课程的知识也是可以学以致用的,由此激发孩子的学习兴趣。

总之,不管孩子因为什么原因导致偏科,父母都要及时地探明原因,如此才能有针对性地帮助孩子解决问题,扫清学习的障碍。

第三点,孩子对于某一门学科特别感兴趣,特别喜爱,因而在这门学科的学习上呈现出巨大的优势。相比之下,其他学科的学习虽然没有这么出类拔萃,但是成绩也还算是很好的。在这种情况下,父母不要判定孩子是偏科,而是可以认为孩子在这门学科的学习上发展出了核心竞争力。从严格意义上来说，一个孩子不可能在所有学科的学习上都凸显出优势，所以父母只要默默地支持孩子就好。

当然，有些孩子偏科的现象严重，甚至出现了逃课的行为。一旦发现孩子对于某一门课程严重抵触，父母就要从理论的高度告诉孩子：未来的社会生活中，只有那些全面发展的人才才会有更多的用武之地。相信孩子能够理解父母的苦心，也会理性地说服自己学好每一门课程。

孩子为何厌学情绪浓重

有些孩子根本不愿意走进学校的大门,他们会一而再,再而三地逃学,或者四处游荡,或者和社会上的闲杂人等在一起做一些违法乱纪的事情。有这样的孩子,父母当然会感到很揪心,甚至不知道如何才能引导孩子走上正道。从这些孩子身上,我们看到很明显的抗拒学校的情绪。大部分厌倦学校的孩子都厌学,有极少数孩子因为某些特别的原因厌倦学校,却能在家里坚持学习,例如台湾作家三毛,当年因为被老师羞辱而患上心理疾病,辍学在家,但是她却很爱看书,坚持自学,积累了深厚的文学素养。但这只是个例,不在本文的讨论范围之内。

接下来,我们要说的是那些可以很好地融入学校,融洽地与老师、同学相处的孩子,很多事情也都证实了他们的智商处于正常水平,他们也具备各个方面的能力,但是他们就是不想学习,在学业上毫无进展。这样的孩子又是怎么回事呢?这样的孩子表现出来的行为是典型的厌学行为。面对这样的孩子，老师在尝试了各种方法之后会感到很无奈，父母在对孩子的期望中也会渐渐地产生失望甚至是绝望的情绪。总而言之，不管是对老师而言，还是对父母而言，这些真正厌学的孩子都是巨大的挑战。面对厌学的孩子，老师会产生深深的挫败感，他会认为自己没有尽到为人师表的职责；面对厌学的孩子，父母会陷入深深的绝望之中，这种绝望与他们曾经对孩子的殷切期望形成了鲜明对比，他们甚至不知道如何面对自己，如何面对孩子，如何面对接下来的人生。

其实，要想药到病除，就必须对症下药。父母和老师应该庆幸的是，孩子只是厌学，而没有厌恶学校。这意味着孩子在学校里还是能够得到快乐的，所以他们每天都能按部就班地进入校园，开始一天的生活。尽管上课的时候他们会觉得如坐针毡，但是下课的时候，他们却很享受和同学一起玩耍的感觉。父母可以长嘘一口气的是，孩子留在学校里至少是安全的，不会因为与社会上鱼龙混杂的人在一起而学坏。这意味着父母有更多的时间，从容地探查孩子厌学的真相，激发孩子的学习兴趣。

没错，兴趣正是改善孩子厌学情绪的灵丹妙药。要想让孩子不再厌学，父母就要激发孩子的学习兴趣。需要注意的是，这里所说的是激发，而不是强迫。只有在充满爱与自由的环境中，孩子才会产生强烈的好奇心，才会产生探索的欲望。如果孩子感到不安，那么他的注意力就会被转移,无法关注到学习。具体来说,在幸福和睦的家庭里,孩子的情绪会更稳定,也会产生浓厚的学习兴趣。与此恰恰相反,如果家庭气氛很紧张,夫妻关系随时都有可能破裂,那么孩子总是在担心家庭分崩离析,是没有办法静下心来投入学习之中的。每年高考结束后,离婚数攀升,就是因为很多父母意识到婚姻变故给孩子带来的巨大影响,因而选择等到孩子高考结束后再解决婚姻问题。曾经有人说过,父亲对孩子最好的爱,就是爱孩子的妈妈,正是这个道理。

除了要为孩子提供安全的环境,让孩子得到安全感和归属感之外,父母还要激发起孩子的好奇心。有些孩子求知欲旺盛,对于自己没有弄明白的一切问题,他们都迫不及待地想要一探究竟。有些孩子则恰恰相反,他们仿佛对所有事情都提不起兴致来,整个人看起来无精打采,哪怕知道即将有有趣的事情发生,他们也丝毫不觉得亢奋。这是因为孩子没有好奇心,从而也就缺乏求知欲。

要想激发出孩子的好奇心,父母要营造民主、和谐、平等的家庭环境,让孩子享受充分的自由。切勿当着孩子的面保守家庭秘密,否则孩子稚嫩的心灵就会意识到在他们所生活的家里,有些事情是必须绝口不提的。这会让孩子缺乏安全感,惧怕他们还不知情的事情,也会让孩子不敢再质疑任何事情,只能被动地接收父母告诉他们的一些信息。显而易见,这糟糕极了。

在很多家庭里，父母不能做到平等地对待孩子，更没有把孩子当成家庭真正的小主人。他们守护着很多事情，却对孩子闭口不言，让孩子在不安中揣测，也让孩子感到更加紧张焦虑。任何时候，父母都有责任满足孩子的好奇心，回答孩子的一切问题，根据孩子的理解能力，恰当地对孩子进行表述。最终孩子会表现得如同真正的小主人那样，关心家庭事务，有家庭责任感，也对世界充满好奇，勇敢探索。此外，又因为家庭生活中没有秘密，孩子不需要去揣测家里到底发生了什么，所以他们也就可以把更多的时间和精力真正地用于学习上。要知道，孩子的时间和精力是有限的，他们无法做到一心二用，所以不要让悬而未决的家务事占据孩子的心灵。

最后，父母还要让孩子感受到学习的快乐，获得成就感。任何人做任何事情都希望有所收获，孩子也是如此。而且，孩子会把自己一点一滴的进步都看得至关重要，也会因为自己小小的收获而欣喜若狂。父母要做的是看到孩子的成长和进步，及时给予孩子鼓励，帮助孩子建立信心，这样孩子才能渐渐理解学习的意义，理解学习的过程，也知道学习对于自己的重要性。

为了实现这一点，父母应该在家庭生活中营造浓郁的学习氛围。很多父母本身就不爱学习，自从离开校园后，他们已经有很多年没有再碰过书本，更没有有意识地学习过。何不为了孩子改变自己不爱学习的坏习惯呢？俗话说，活到老，学到老，现代社会更是如此，要求人人都要坚持学习，否则就无法跟进时代的脚步，就无法有出色的表现。要想成为孩子的榜样和楷模，父母们现在就应该放下手机，捧起书本，开拓家庭图书角和专门的亲子读书时间，带着孩子一起遨游知识的海洋。

孩子在学习上过于争强好胜

俗话说，有人的地方就有江湖。我们要说，有人的地方就有竞争。即使是年纪很小的孩子之间，也会存在竞争的情况，更何况在学龄孩子之间呢？学习原本就是一种高下立见的事情。从短期来看，孩子在上半节课有没有认真听讲，当即就会反映在他下半节课能否做对所有的习题方面；从长期来看，大多数孩子都在六岁时进入小学，开始按部就班地"升级打怪"，但是最终他们考取大学时却有着巨大区别，甚至有人压根没等到考大学就已经学不下去了，只能选择半途而废。这充分说明学习既要专注于当下，又要有长远的目标，才能持续地发力，最终获得最好的结果。

为了激励孩子在学习上拼尽全力，很多父母都把"别人家的孩子"挂在嘴边。这个别人家的孩子或者是他们道听途说而来的，或者是他们身边的同事或者朋友的孩子。可想而知，孩子在这样的强大心理压力之下，就会把"别人家的孩子"当成自己的噩梦，甚至只要听到父母提起别人家的孩子，马上就会抓狂。

由于从小就被灌输以"千军万马过独木桥"的观念，很多孩子养成了争强好胜的习惯。在学习上，他们只允许自己超越别人，不允许别人超越自己；在竞赛中，他们一厢情愿地想要获得最好的成绩，拔得头筹。然而，除了在家庭生活中得到父母的宠爱可以随心所欲之外，孩子在离开了家之后还有什么理由凡事都要顺心如意呢？太多的孩子因为从小顺遂，长大之后敏感脆弱，承受不起任何打击。有的孩子因为被老师误解作弊而跳河自杀，有的孩子因为主动作弊被老师发现而选择轻生，有的孩子通过正当手段不能赢得他人就不择手段伤害他人，有的孩子因为担心大学毕业后找不到好工作在最好的年华辞世……不得不说，这些事情都太让人心痛了。如果孩子已经在激烈的竞争中脱颖而出，考取了很好的大学，又在大学期间努力学习，即将以优异的成绩毕业，他们为何还会自寻短见呢！是因为他们知道现实残酷，而他们没有勇气面对残酷的现实。

从这个意义上来说，孩子过于争强好胜并不是一件好事情。在整个地球上，人类千千万万，谁也不是命中注定要到达金字塔塔尖的。如果人人都必须到达金字塔塔尖，那么金字塔也就不复存在。人与人的天赋、能力和运气都是不同的，有些人顺遂如意，有些人却被命运百般刁难，有些人过目不忘，有些人却看过就忘。我们要做的不是和别人比较，更不是和别人攀比，而是认清自己，坦然做好自己，这才是真正的成功。否则，即使我们按照别人成功的模式复制了一条成功之路，那也只是没有灵魂的模仿而已。

过于争强好胜的孩子，面对激励的竞争，心态很容易崩盘。在这个世界上，有谁能保证自己每次都赢，从来不输呢？这当然是不可能的。有输有赢，这才是人生的常态。为了避免孩子过度争强好胜，父母要做到以下几点。

第一点，不要动不动就把别人家的孩子挂在嘴边，要引导孩子把现在的自己与过去的自己相比，看到孩子的努力和进步，帮助孩子树立继续努力的决心。

第二点，不要提前告诉孩子现实有多么残酷。人生有很多个阶段，每个人处于不同的年龄阶段，要做好自己该做的事情。孩子的童年原本就该是无忧无虑的，父母为何要提前透支成人的压力给孩子呢？要尊重孩子成长的节奏，要给予孩子恰到好处的关爱和照顾。

第三点，不要对孩子有求必应，不要保证孩子永远得第一。没有人能满足自己所有的欲望，也没有人能保证自己永远得第一，孩子也是如此。有些父母看到孩子在幼儿园里没有得到小红花，就去找老师索要，试问孩子在未来的人生中还要面对无数次竞争，你每次都能帮助孩子稳赢不输吗？如果不曾有意识地引导孩子接受失败，孩子就会无法承受失败的打击。

第四点，告诉孩子尽力而为。在这个世界上，和生命相比，没有什么东西是不可舍弃的,也没有什么目标是必须达成的。父母固然要对孩子寄予期望,却不要给予孩子过于沉重的责任。人,应该学会释然,如果总是盯着没有实现的目标看,谁都无法轻松。只有看看那些不好的地方,再看看那些好的地方,人才能获得内心的平衡,充满希望地继续走好人生之路。

总之,竞争永远不可避免,对待竞争,孩子要有良好的心态。如果心态不好,那么小小的竞争就会把孩子压垮;如果心态良好,那么即使面对很激烈的竞争,孩子也能谈笑风生,从容以对。

孩子忌妒同学

人们常说，忌妒是人心中的毒瘤，会给人带来万般的烦恼。的确如此，一旦忌妒的野草在孩子的心中疯长，就会侵蚀孩子的心灵，扰乱孩子的心智，使孩子无法保持理性进行思考，也使孩子在冲动之余做出让自己追悔莫及的事情，甚至因此而改变一生的命运轨迹。

曾经，有一个女大学生非常出色，不但学习成绩好，而且多才多艺，学校里不管有什么大型活动，她都是舞台上最耀眼的明星。因为刻苦练琴准备参加学校里的大型会演，这个女同学每天晚上很晚才回到寝室，这个时候其他同学已经睡着了。尽管她小心翼翼，蹑手蹑脚，还是难免会发出一些响动。日久天长，那些被惊扰的同学心生抱怨，又加上对这个女同学忌妒得发狂，居然在这个女同学的水杯里投毒。这个如花似玉、正值人生大好年华的女同学就这样中毒了，她的智力严重受损，只有几岁孩子的水平，她还失去了肢体行动能力，彻底瘫痪在床。忌妒就是如此可怕，会让人丧心病狂。

这么多年来，在大学校园里，因为忌妒引发的惨案并不罕见。那么，如何才能彻底铲除忌妒呢？这根本不可能做到。只要是有思想的人，就会产生忌妒之情。当看到其他孩子比自己长得高，孩子会忌妒；当看到其他同学学习比自己好，孩子会忌妒；当看到兄弟姐妹得到了父母更多的疼爱，孩子会忌妒；当看到其他同学总能得到老师的表扬，孩子会忌妒……其实，忌妒是人正常的心理情绪。当意识到自己某些方面不如他人，或者他人的某些方面比自己更好时，孩子就会油然而生忌妒。忌妒不是孩子的专利，就是理性的成人，也常常因为忌妒而发狂。所以父母要理解孩子的忌妒，接纳孩子的忌妒，也以正确的方式对待孩子的忌妒，帮助孩子消除忌妒，恢复理性。

最近这段时间，学校里特别流行看漫画书。恬恬带了《三毛流浪记》去学校，中午午休的时候，她不睡觉，就安安静静地看书。很多同学也喜欢看《三毛流浪记》，他们都和恬恬借阅这本书，但是书只有一本，这可怎么办呢？思来想去，恬恬决定把书借给自己的好朋友之一悦悦，而拒绝了另一个好朋友依依的借阅请求。依依被拒绝了，看到悦悦津津有味地在看书，她心中的忌妒之火熊熊燃烧。趁着悦悦课间去打水的工夫，依依偷偷地从悦悦的课桌抽屉里拿出了《三毛流浪记》，扔到了班级的垃圾桶里。悦悦打水回来找不到书，着急得要哭了。恬恬得知自己心爱的《三毛流浪记》不见了，也四处寻找。

最终，有个同学在垃圾桶里看到了《三毛流浪记》。恬恬的《三毛流浪记》失而复得，她抱怨悦悦没有保护好她的书，因而决定收回《三毛流浪记》。这个时候，依依得意地笑了。后来，老师通过调取班级监控录像，发现是依依故意扔到了垃圾桶，当即就把这件事情告诉了依依的爸爸妈妈，爸爸妈妈狠狠地批评了依依。

依依的忌妒心理是很强的，看到恬恬把书借给了悦悦，而没有借给她，她就想出了这样的办法捣乱。幸好班级里有监控录像，否则悦悦真是满身长嘴也说不清了。那么作为父母，在发现孩子忌妒心理很强，常常忌妒同学，甚至在忌妒心理的驱使下做出一些出格的事情时，应该怎么办呢？

首先，父母要引导孩子认知自己，告诉孩子每个人都既有优点也有缺点，既有长处也有短处，用自己的缺点和短处与他人的优点和长处对比，显然对自己很不公平。当然，也不要拿自己的优点和长处与他人的缺点和短处对比，否则就是盲目自信。最好的方法是认识到尺有所短，寸有所长，从而以理性的态度看待自己各个方面的能力，客观公正地认知和评价自己。

其次，引导孩子良性竞争，友谊第一，比赛第二。在忌妒心强的孩子心中，友谊的小船说翻就翻。他们因为忌妒，就会做出伤害朋友的事情。所以父母要引导孩子更加看重友谊，珍惜朋友，坚持友谊第一、比赛第二的原则，这样孩子才能摆正心态面对和参与竞争，也不会因为在竞争中没有得到想要的结果而患得患失。

再次，让孩子发展自己的核心竞争力，建立自信。通常情况下，忌妒他人的孩子都缺乏自信，他们始终认为其他同学的表现比自己好，也认为自己处处不如别人，所以就更加妒火中烧。

最后，父母和老师要给予孩子更多的关注。在家庭里，兄弟姐妹之间的忌妒情绪蔓延，更多的是因为他们在争风吃醋。在学校里，众多同学处于同一个班级中，环绕在老师身边，因为老师喜欢谁更多一些而争风吃醋，也就成为家常便饭。所以在家庭生活中，父母要关注到每一个孩子；在学校的学习生活中，老师除了要关心每一个孩子之外，更是要具备火眼金睛，看到每一个孩子身上的闪光点，慷慨地表扬他们，鼓励他们。尤其需要注意的是，要保护孩子们的自尊，最好不要当着其他孩子的面批评犯错误的孩子，也尽量不要总是当着全班同学的面表扬某一个孩子。

人类的天性就是喜欢竞争，很容易心生忌妒。随着不断成长，孩子变得更加理性，也能够全面地分析和妥善地解决问题，忌妒就不会再严重影响他们的情绪和心理状态了。当然,前提是在此过程中,父母一直在耐心地开导孩子,帮助孩子保持良性竞争的心态,帮助孩子接受人与人之间的不同,帮助孩子坦然面对成功与失败。

孩子的学习常见表现

关于孩子的学习常见表现,每一位父母当然是最有发言权的。最近几年来,网络上流行着很多段子,大概意思是说父母为了陪伴孩子完成作业,都被气得头昏脑涨,更有甚者还犯了心脏病,被120急救车送去急救了。其实,之所以发生这样的现象,问题并不完全在孩子身上,作为父母更是要主动反省自己的教育观念,反思自己是否给了孩子太大的压力,让孩子不堪重负。也有些父母虽然没被气得进了医院急救,却要在陪伴孩子写作业的过程中不断地提醒自己:"亲生的,亲生的,亲生的!"的确,孩子学习受到方方面面因素的影响,例如智商有遗传的因素在发生作用,情商有家庭环境和父母的教育在发生作用,甚至连孩子行为举止的风格都与父母有几分相似。既然如此,我们与其对孩子歇斯底里、河东狮吼,不如放平心态,更多地想一想自己上学期间是怎样的,学习上的表现又如何。当意识到孩子只不过是和自己一样,或者在某些学习的劣习上

"青出于蓝而胜于蓝"时,父母的大部分火气就会马上被浇灭,也会意识到与其责怪孩子,不如先怪自己不是足够优秀的父母吧!

具体来说,孩子在学习上的常见表现如下所述,父母和孩子们都可以认真地读一读,虽然不能对号入座,却可以以此来劝慰自己。

第一种常见表现:厌学。

关于厌学,前文我们有专门的篇幅进行过阐述,这里不再赘述,总的原则是要给孩子良好的家庭环境,激发孩子的学习兴趣,激发孩子的好奇心。

第二种常见表现:拖延。

说起孩子的拖延症,很多父母都会感慨万千,因为他们无论如何也想不明白孩子为何这么能拖延,把原本二十分钟就能完成的作业,非要拖延到两三个小时才完成。直到最后,如果没有父母的陪伴和密切监督,只怕他们根本不能完成。不得不说,根源在于父母身上。很多父母都会陪着孩子写作业,日久天长,孩子就会觉得完成作业是父母的事情,而非他们的事情。在这种情况下,如果父母没有来陪伴他们,他们就会磨磨蹭蹭,三心二意,做各种无关的事情,总而言之就是不想写作业。明智的父母会从孩子进入小学一年级的第一天开始,就为孩子制定规矩:放学主动独立、保质保量地按时完成作业。

也许有的父母会问:如果孩子没完成呢?第二天去了学校,岂不是会被老师批评吗？如果孩子写错了呢？不给他们指出来，他们能订正吗？孩子没完成作业，受到批评的是孩子，父母着急做什么呢？孩子在几次因为没完成作业而被老师批评之后，就会牢记自己要完成作业这件事情了。至于把作业做错了，父母更是不用代替孩子着急。如果父母每天都为孩子检查作业，使得孩子反馈给老师的作业情况始终是全对，那么老师就无法及时了解孩子对诸多知识点的真实掌握情况，也就不能给孩子查漏补缺了。父母要知道，孩子完成作业的目的不是得到优，而是及时暴露问题，及早解决问题。

第三种常见表现：态度不认真，字迹不工整。

很多孩子都有这个问题，是因为他们想要尽量缩短做作业的时间，这样才能去玩自己想玩的东西。孩子的本性就是贪玩，要是让孩子和成人一样一本正经地端坐在那里认认真真地完成作业，最好的方法就是制定奖惩措施。例如，在态度认真、字迹工整的情况下，可以多看十分钟电视节目；如果态度很不认真、字迹非常潦草，那么取消当天半个小时的看电视时间。一开始，孩子也许不知道自己需要承担怎样的责任，只要父母狠下心来照章办事，惩罚孩子几次，孩子就会知道不认真完成作业的后果了。

第四种常见表现：抄袭。

如今，通信手段先进，使得即时通信已经变成现实。很多孩子都有手机，这使他们在遇到不会做的题目时，不用再像以前那样次日赶早到学校去抄作业了，而是只需要发个微信，就能得到同学的及时回复。为何孩子如此懒于动脑呢？这与父母们遗忘为孩子解答疑问的方式有关。面对孩子的难题，很多父母为了省时省事，往往不假思索地告诉孩子答案。这么做固然是最方便快捷达成目标的方法，却没有产生最好的作用。日久天长，孩子总是不劳而获，渐渐地也就不想开动脑筋苦思冥想了。

任何时候，面对孩子提出的任何问题，父母不要直截了当地告诉孩子答案，而是要引导孩子进行思考。尤其是当需要解决数学难题时，父母更是要不厌其烦地引导孩子深入思考，尽量让孩子主动想出一个又一个步骤，艰难地接近答案。经历了这样的过程，孩子解答题目之后一定会特别有成就感，特别喜悦。等到孩子爱上了战胜难题的感觉，他们也就不会随意地向同学询问答案了。

第五种常见表现：偷懒。

曾经有调查机构经过调查发现，即使是那些被称为学霸的孩子，也不是心甘情愿完成作业的。这完全符合人趋利避害的本能，和安逸的玩乐相比，谁愿意辛苦地写作业呢？成人如果没有养家糊口的重任，宁愿闲着，也不愿意工作。正是因为如此，孩子上学、成人上班，都会有偷懒的现象发生。

有些孩子偷懒，会少写一些作业。有些孩子偷懒，是压根连一个字都不想写。他们到了次日交作业的时候，或者说自己的作业忘记带了，或者说自己的作业本丢了，甚至还有的孩子故意把作业本撕碎扔到垃圾桶里。可以说，孩子们为了偷懒真是八仙过海，各显神通啊。面对孩子偷懒的行为，老师和父母切勿纵容，一定要求孩子补写。当孩子发现前一日偷懒会导致次日必须完成两天的作业时，他们就不会再这样自作聪明了。

如果孩子偷懒的行为很严重，那么父母还可以采取一定的惩罚措施，例如罚孩子周末写更多的作业等，但是要适度，不要激发起孩子的逆反心理。此外，当发现孩子没有完成作业时，父母还要验证孩子是否另有隐情。例如有些孩子不会做数学题目，又没有人可以提问，因而只能交上没有完成的作业。在这种情况下，父母如果没有条件辅导孩子，那么可以以线上或者线下的方式为孩子聘请家庭教师，这样孩子在遇到难题的时候就有了求助的对象，完成作业的心情也会更加轻松。

虽然现代社会中生存的压力很大，职场上的竞争也异常激烈，但是父母不要把成人的压力转嫁到孩子身上，而是要还给孩子快乐的童年。对于孩子的学习，父母也要全面看待，切勿认为学习就是孩子的一切，孩子就是家庭唯一的希望。在一个家庭里，每个家庭成员都要拼尽全力，才能为家庭的发展贡献力量。

第七章　读懂孩子的成长

　　现代社会，很多人都渴望获得成功，尤其是作为父母，更是对孩子倾注了所有的时间和心力。在这种情况下，他们自然对孩子寄予了殷切的期望，也希望孩子能够学习更多的知识和技能。然而，孩子的成长并非一蹴而就，而是需要漫长的过程，坚持点滴的积累，才能由量变引起质变。父母一定要读懂孩子的成长，这样才能给予孩子更好的教育，也才能让孩子拥有美好的未来。

让孩子明白成功的意义

在当今浮躁和喧嚣的生活中,很多人对于成功的理解越来越狭隘,越来越功利。太多人都认为唯有功成名就、位高权重、腰缠万贯才是成功,难道成功一定要与金钱和权势捆绑起来吗?如果父母没有正确的成功观念,就不能对孩子灌输正确的教育,也就在养育孩子的过程中,不知不觉间对孩子寄予错误的期望,也把孩子带偏。

太多的父母都陷入了教育焦虑状态,他们对孩子怀有不切实际的期望,从孩子很小的时候就为孩子打造起跑线,随着孩子渐渐长大,又对孩子寄予不切实际的期望。具体来说,父母希望孩子取得优异的成绩,期望孩子能够顺利地升入名校,期望孩子将来有一份体面的工作。他们却从不关心孩子的创造力是否得以发展,孩子在掌握了知识之后能否将其加以运用去解决问题,孩子所学的专业是否是自己真正喜欢的,孩子是在做自己还是仅仅按照父母的期望对自己提出要求。作为父母,必须首先明白什么才是真正的成功,这样才能明确教育的方向,也对孩子寄予合理的期望。

在世俗社会中,也许大多数人对于成功的定义都是相同的,例如有权有势、拥有财富、拥有地位等。而实际上,成功并非流水线上千篇一律的商品,而是极具个性化的人生目标。有人以赚钱为成功,有人以出名为成功,有人以过平凡而又普通的生活为成功。每个人对于成功都有自己的定义,这与他们拥有的人生观、世界观和价值观密切相关。

俗话说,十年树木,百年树人。要想获得成功,首先要具备优秀的品质。一个人只有品德高尚,才能成为大写的人,否则就无法傲然屹立于天地之间。其次,要拥有健康的身心。以前,人们是强调身体健康,认为生命是一切的根本,这当然是正确的。现在,我们把心理健康提升到和身体健康同样的高度,是因为一个人如果心理不健康,那么即使才华横溢,也不可能为社会和人类做出贡献。从某种意义上说,有才华而心理不健康的人,是废品。再次,要能够建立良好的人际关系。人是群居动物,每个人都不可能离群索居地生活,而是要与周围的人构建关系,融为一体。最后,要勇敢,要充满热情,要热爱和拥抱生命。每个人存在于这个世界上,都要努力实现自身的意义和价值,这样才能做出贡献。如果总是浑浑噩噩,不知道自己活着的意义是什么,最终一事无成,那么就虚度了人生。

总体而言，作为父母要明确以上这四点，将其作为教育孩子的原则，始终坚持以其指导孩子的成长，这样父母教育孩子就会有方向，孩子的成长也会更加顺利。遗憾的是，太多父母都盯着孩子的成绩，他们恨不得孩子能够考高分，恨不得孩子能够出人头地，赚取最多的钱。这样的父母目光短浅，很有可能因为自身的局限而限制孩子的成长。

从现在开始，再也不要只盯着孩子的分数了，也不要只知道把自家孩子与别人家的孩子进行比较。当孩子坚持以这四个原则为指导努力做好自己，哪怕孩子只能实现其中的一条标准，也是莫大的成功。俗话说，上梁不正下梁歪，这句话告诉我们父母是孩子的楷模，家庭是孩子成长的土壤。父母必须以身示范，成为孩子的典范。

很多父母教育孩子都很唯心，他们凭着自身对孩子的殷切期望，自以为给孩子提供了优渥的物质条件，就要求孩子必须以好成绩回报父母。其实，对于孩子而言，他们并不需要大量的金钱，也不需要住别墅坐豪车，他们更需要的是父母的陪伴，是在家庭中感受到爱与温暖，找到归属感。每个孩子就像是一颗种子，必须扎根于泥土之中，才能生根发芽开花结果。归属感，就是孩子在家庭生活中的根，归属感能够激励孩子始终勇敢坚定地做好自己，孩子因为得到了父母的认可而树立自信心，在很多方面都有卓越的表现。

作为父母，一定要全力以赴为孩子打造良好的家庭环境。所谓良好的家庭环境，与家里有多少钱没有必然的联系，而是父母要尊重和爱孩子，给予孩子自由的空间去成长，也要为孩子树立榜样，让孩子在做很多事情的时候都有父母可以参照。父母对待孩子还要有足够的耐心，要尊重孩子成长的节奏，不要过于催促孩子，或者对孩子提出过高的要求。每一朵花都有花期，每一个孩子也有自己成长的历程。父母要耐心地陪伴在孩子身边，给予孩子更多的关爱，让孩子感受到来自父母的温暖。对于任何家庭而言，幸福和睦才是最好的家庭环境。

每个人都有自己的成功标准，每个人都应该从自身的角度出发，结合自己的情况，为自己制定合理的目标。父母有父母的人生，孩子有孩子的人生，父母尽管出于爱孩子的心理，想要为孩子谋划更好的人生，但是父母却不知道，孩子是独立的生命个体。在小时候，孩子必须依靠父母的照顾才能生活，但是随着不断长大，孩子越来越独立，越来越有主见，所以父母要做的是尊重孩子的意愿，给予孩子大力的支持和帮助。相信有了父母的助力，孩子一定会如虎添翼，也会在成长的道路上走得更快更好。

孩子要全面发展

太多的父母认为孩子只有学习好，才能考取高分，将来才能考上好大学，也才能有幸福美好的人生。其实，这只是父母一厢情愿的想法而已。很多父母为了不让孩子输在起跑线上，给孩子报名参加各种兴趣班、补习班，却完全忽略了孩子的意愿，也剥夺了孩子快乐的童年时光。在此过程中，不但孩子疲于奔波四处上课，父母也心力交瘁，每当打开孩子的一个学习群或者是家长交流群，父母就感到万分焦虑，只恨自己家的孩子为何没有别人家的孩子优秀。而父母们所谓优秀的标准，无非就是成绩的高低而已。

曾经有心理学家跟踪调查发现，那些在高考时以出类拔萃的成绩考入名牌大学的孩子，在后续的学习和成长中，反而显得默默无闻了。这是为什么呢？其实，这些所谓的学霸都是父母用功的产物，而非孩子自身产生了学习的欲望，因而奋力学习的结果。也许是因为小小年纪就被压榨了所有的才思，所以孩子们才会出现后续乏力的情况。作为父母,不要只顾眼前利益,而是要注重孩子的全面发展,给孩子的人生奠定坚实的基础。

那些只知道学习的孩子,也许在父母的高压之下会有比较好的成绩,但是他们从学习中感受到的只有痛苦,没有快乐。那些除了学习还有丰富兴趣爱好的孩子,哪怕父母不会每时每刻都督促他们,他们也会自觉主动地保持努力的姿态。对于这样的孩子,父母无须催促,无须监督,而只要在他们获得进步的时候,给予他们真心的赞美与鼓励,他们就会充满动力。其中的道理很容易理解,即使作为成人也不愿意每天都被人用鞭子抽打才努力工作,而是更愿意积极主动地去做一些事情。

俗话说,万丈高楼平地起。那么父母要有长远的眼光,看到决定楼到底能建造多高的不是地面上堆砌的砖瓦,而是埋藏在地底下的坚实基础。既然如此,父母为何要做揠苗助长的事情呢?父母要有足够的耐心,等待孩子就像一颗种子一样,努力地把根扎到土壤深处,努力地从土壤中汲取养料。这样一来,孩子当然会有更好的成长。反之,如果父母不注重孩子成长的根基,一味地要求孩子快速拔高,那么孩子就会摇摇晃晃,说不定有一天还会崩塌呢!

一个孩子的成长离不开各种能力的助力,学习只是其中比较重要的一种能力而已。不可否认的是,的确有相当一部分孩子靠着优异的学习成绩站稳了脚跟,获得了发展,但是也有一部分孩子的成功与学习的关系并不密切。例如，他们天生不是学习的好苗子，但是他们吃苦耐劳，特别有韧性。那么，凭着这股韧性去做一些喜欢的事情，或者坚持做某件事情，他们也能活得很好。也有些孩子坚持发展自己的兴趣爱好，最终验证了"三百六十行，行行出状元"这句话。尤其是在如今的多元化社会中，一个人不管做什么，只要不违法乱纪，只要能够排除万难坚持做下去，总能守得云开见月明。所以父母没有必要向孩子灌输纯粹的读书论，或向孩子强调好好读书是人生唯一的出路。

在这个世界上，并非所有人都接受了高等教育，有些人虽然受到教育的程度不高，但是他们靠着自己的聪明勤奋同样生活得很好。如果父母始终在向孩子灌输错误的读书观点，使孩子认为自己一旦考不上理想大学，人生就会彻底遭遇毁灭，那么日久天长，孩子就会有根深蒂固的观点，这将会导致他们在遭受考试失利的打击时无法承受，甚至选择轻生。如果直到此时父母才真正意识到孩子不是学习的机器，那么显然为时晚矣。西方国家有句谚语，叫作条条大路通罗马。这句话的原意是说，古罗马城非常繁华，建造了很多四通八达的道路，不管选择走哪条道路，只要向着正确的方向行进，就一定能够到达罗马城。用这句话来形容孩子们的学习，父母要接受孩子多元化的学习方向，要尊重孩子的兴趣爱好，也要尊重孩子的真实意愿。在这个世界上，一切奇迹的诞生都与人们真实的意愿密不可分，因为心甘情愿是每个人源源不竭的动力。既然如此，父母们请给孩子心甘情愿的机会吧，让孩子真心地去做想做的事情，也让孩子全力以赴创造自己的奇迹！

孩子要全面发展，需要父母的支持。如果父母一味地强调孩子的学习，也逼着孩子把所有的时间和精力都用于学习，那么孩子的成长就会越来越无趣，孩子也会感到越来越乏味。作为父母，自身也要有兴趣爱好，生活更要有情趣。很多父母为了生计，每天疲于奔波，无形中忽略了陪伴家人，忽略了享受岁月。父母这样的生活方式会给孩子带来负面的影响，使孩子误以为生活本来就该是这样的。父母给孩子做榜样，不仅表现在言行举止上，也表现在生活方式上。不管从哪个方面来说，父母都要督促孩子全面发展，这样孩子才能真正地融入生活，也才能理解生命的价值和意义。

让孩子学会人际沟通

人与人相处，沟通很重要。作为孩子，要想结交朋友，得到朋友的帮助，与朋友之间相互团结与协作，做成自己想做的事情，就要学会人际沟通。父母在教育孩子的过程中，首先要在家庭环境里与孩子之间建立亲密关系，其次要引导孩子学会与人沟通，与人相处，这样孩子才能拥有朋友的陪伴，得到友谊的滋养。

很多父母看到孩子木讷寡言，也许会感到纳闷：这个孩子怎么天生笨嘴拙舌呢？其实，不是孩子天生嘴笨，很有可能是父母没有教会孩子人际沟通。想明白这个道理，有些父母就会刻意叮嘱孩子要学会说话。其实，说话哪里是学的呢？说话是接受环境的熏陶，从模仿身边的人，不知不觉间领悟出来的。从这个意义上来说，父母和孩子进行亲子沟通时，就要有意识地为孩子树立榜样，对孩子温言细语。偏偏很多父母和孩子说话简单粗暴，直截了当，常常在无意间伤害孩子的自尊心，也给孩子树立了糟糕的榜样，使孩子的言语风格越来越像父母了。

傍晚时分,娜娜放学回到家里才刚刚推开家门,妈妈就迫不及待地问:"娜娜,期中考试成绩出来了吗?你考得怎么样?"娜娜的心一下子悬了起来,她小声回答"出来了",就赶紧低下头朝房间里走去。妈妈正在厨房里做饭呢,正准备问娜娜到底考了多少分,一抬头,才发现娜娜已经回房间了。妈妈不由得嘀咕道:"躲得了初一,躲不过十五,看你能躲到哪里去!"

很快,妈妈做好了饭菜,正端着饭菜上桌呢,爸爸下班回家了。妈妈朝着娜娜的房间努了努嘴,小声对爸爸说:"考试肯定没考好,一回到家就躲到自己的房间里了。等下吃饭,你问问她到底考了几分。"爸爸向着妈妈做了个暂停的手势,对妈妈说:"吃饭就好好吃饭吧,不要为难她了。等到吃完饭再问,也来得及。"妈妈默默地采纳了爸爸的建议。

好不容易等到吃完饭,妈妈迫不及待地问:"娜娜,你期中考试考了多少分?"娜娜满脸通红,用如同蚊子哼哼一样的声音说:"语文78分,数学82分。"妈妈当即火冒三丈,问道:"你们班级里的最高分和最低分分别是多少?"娜娜想了想,回答道:"数学最高分是100分,语文最高分是96分。最低分,我不知道。"妈妈带着鄙夷的语气说:"不知道也好,说不定最低分就是你呢!你呀,什么时候能让我们省点儿心,能给我们的脸上增点儿光呢……"听到妈妈喋喋不休,娜娜赶紧放下正在吃的水果,回到房间里写作业去了。

在这个事例中,娜娜之所以不愿意与妈妈沟通,是因为妈妈除了批评她,就是挖苦讽刺她,使她感到特别难堪。其实,孩子学习成绩有高有低是正常的,在同一个班级里,总不可能所有孩子都考满分。父母要认识到,孩子学习水平参差不齐的原因并非他们故意偷懒,而有可能是因为他们天生就不擅长学习。众所周知,理解力和记忆力是学习的重要能力,偏偏在这两种能力方面,每个孩子的天赋都是不同的。有的孩子天生记忆力就很强,堪称过目不忘,其他孩子背诵一篇课文需要一小时,记性好的孩子也许十几分钟就能背得滚瓜烂熟。也有的孩子理解力很强,他们学习新内容的时候很容易就能理解,这也是有助于记忆的。否则总是对新知识囫囵吞枣,是不可能把新知识学好的。作为父母,要理解孩子在学习方面的能力有所差异,这样在与孩子沟通的时候才能以恰当的方式进行。如果父母总是嘲笑和讽刺孩子,那么渐渐地,孩子就越来越不愿意与父母沟通,越来越自闭。

看到这里,也许有些父母会感到纳闷:我们如何与孩子说话只会影响亲子关系,为何还会影响孩子与同伴之间的关系呢?的确如此,亲子沟通的质量将会影响孩子的语言表达能力和人际交往能力,自然会对孩子的人际关系产生深刻的影响。有心理学家经过研究发现，很多流动家庭儿童的心理健康都处于较低的水平，这与他们很少与父母沟通、与父母沟通的时间不足、与父母沟通缺乏主动性、与父母的沟通不够深入密切相关。新生命从呱呱坠地开始就在家庭中生活，与父母之间应该建立亲密无间的关系。如果孩子在幼年阶段没有与父母建立亲密关系，那么随着不断成长，孩子在人际关系的建立上就会处于被动的局面。那么，父母如何与孩子之间进行高质量的亲子沟通，从而有效地提升孩子的沟通能力，增强孩子的社交水平呢？

第一点，父母在亲子沟通中占据主导地位，要把握沟通的频率，促进深入沟通。毫无疑问，孩子因为年龄小，沟通能力有限，所以在亲子沟通中处于从属地位。在这种情况下，父母切勿因为忙于工作，就常常忽略孩子，最好每天都要与孩子进行一定时间的沟通，这样既可以锻炼孩子的语言表达能力，也可以拉近亲子关系，增进亲子感情，真正做到了解孩子。需要注意的是，在与孩子沟通的过程中，因为孩子的思维能力还没有发育完善，孩子说话的速度有可能比较慢，那么父母要给予孩子足够的耐心，要等待孩子完整地表达，而切勿催促孩子。有些孩子有结巴的毛病，就是因为他们在边想边说的过程中被父母的催促扰乱了思路，这使得他们的思维不连贯，语速非但没有加快，反而因为结巴而磕磕绊绊。

第二点，在亲子沟通中，父母要做到真正尊重和平等对待孩子。太多的父母在孩子面前表现出一副高高在上、居高临下的模样，他们误以为自己生养了孩子，就有权利对孩子指手画脚，就有权利对孩子下达命令。父母这样的想法大错特错。孩子小时候也许愿意对父母言听计从，随着不断成长，他们渐渐形成了自己的思想，有了自己的主见，也就不愿意再完全听从父母的话了。在这种情况下，父母要与时俱进，跟随孩子成长的脚步，给予孩子适度的自由。尤其是当与孩子在沟通过程中产生分歧时，只要孩子说的是有道理的，父母切勿全盘否定孩子，而是要积极地鼓励孩子表达自己的想法，也要在必要的时候采纳孩子的合理建议，这都会帮助孩子寻找到家庭归属感，孩子也因为得到父母的认可而更加自信。遗憾的是，很多父母都不能真正平等地对待孩子，这将会使孩子感到很委屈，也不利于帮助孩子建立对父母的信任。

在亲子沟通中，要想保持平衡，除了父母要尊重和平等对待孩子之外，父母与孩子沟通的频率应该是相当的。也就是说，在一个家庭里，父母的地位应该是平等的，父母对于孩子和整个家庭而言应该是同样重要的。在有些家庭中，爸爸和妈妈分工各异，例如爸爸负责挣钱养家，妈妈负责养育孩子，这会导致妈妈更多地与孩子相处和交流，而爸爸则处于缺位状态，这对孩子的身心健康发展是极其不利的。反之，如果爸爸和孩子沟通较多，妈妈很少与孩子沟通，对孩子也是不利的。在这样失衡的状态下，孩子很有可能养成坏习惯，即一旦有心事或者遇到难题，第一时间只会和爸爸或者妈妈倾诉，而无法得到爸爸妈妈双方的参考意见。

通常情况下，在家庭生活中，妈妈的沟通地位比爸爸的沟通地位更强，妈妈的沟通能力也比爸爸的沟通能力更强。所以在很多家庭中，妈妈更多地肩负起与孩子沟通的重任，很多孩子也都非常依赖妈妈，只要有了心事，就会向妈妈倾诉，或者向妈妈寻求帮助。在这样的情形下，又因为妈妈负责照顾家庭，爸爸不知不觉间就变成了摆设。切勿觉得孩子只需要和妈妈沟通就好，正如我们前文所说的，在成长的过程中，爸爸的作用非常重要，而且是不可取代的。所以爸爸一定要平衡好工作与家庭生活的关系，不管工作多么忙碌，都要抽出时间来给予孩子更多的陪伴，要经常与孩子沟通。

第三点，在与孩子沟通之前，父母要先达成一致。在同一个家庭里，如果父母在分别和孩子沟通的时候表达了截然不同的观点，那么孩子就会感到非常迷惘，不知道自己应该听从谁的建议。为了避免这种情况出现，父母要在与孩子沟通前达成一致，即使有分歧，也要先解决好彼此之间的分歧，再来与孩子沟通。有些孩子本身很听话懂事，面对父母的不同意见也许会慎重思考和选择，但是有些孩子本身就不想听从父母的话，当得知父母意见不一致的时候，他们很有可能会钻空子，趁机投机取巧，这当然会使教育效果大打折扣。

第四点，尊重孩子，营造民主和谐的家庭氛围。在很多家庭里，也许是因为父母本身就不擅长沟通，又常常以挖苦、嘲笑和讽刺等方式与家人沟通，所以整个家庭的沟通氛围是很糟糕的，家庭生活的环境也特别压抑。作为父母，要尊重孩子，把孩子当成家庭的小主人对待，在遇到很多事情的时候，真诚地询问孩子的意见。如果孩子的意见有可取之处，也要积极地采纳孩子的意见，这样会使孩子油然而生主人翁的感情，也更愿意为家庭建设出谋划策。在这样民主和谐的家庭氛围中，父母与孩子之间的交流会越来越顺畅，彼此之间也真正做到相互信任，相互理解，相互尊重。

总而言之，家庭氛围在很大程度上决定了亲子沟通的质量。要想获得有效的亲子沟通，就要营造良好的家庭氛围。这离不开父母的努力。当孩子在家庭生活中与父母之间建立了亲密无间的关系，孩子在走出家庭面对小伙伴的时候，就能够表达得更加流畅，也将会成为社交达人，不管走到哪里都受人欢迎。

引导孩子建立各种关系

如今,越来越多的父母注重对孩子进行爱的教育。为此,他们给予孩子更周到的照顾,也给予孩子更多的爱。然而,他们把爱当成了单方向的付出,从来不对孩子奢求回报,这就使得孩子只想索取,不知感恩。不得不说,这样的亲子关系是很糟糕的。作为父母,除了要供给孩子吃喝拉撒之外,在陪伴孩子成长的过程中,还要自觉主动地肩负起一个重任,那就是引导孩子建立各种关系。很多父母大言不惭,认为自己坚持对孩子进行爱的教育,其实对于孩子而言,如果只懂得索取爱,不懂得回报爱和付出爱,那么爱的教育就是失败的。

在这个世界上,每个人都生存在各种各样的关系中。我们不仅要教会孩子去爱,也要教会孩子有意识地付出爱,把爱从幼稚变得越来越成熟。如今,有很多问题少年或者在社会上游荡,或者因为触犯法律而锒铛入狱。他们为何会在人生的道路上越走越偏呢?不是因为他们本性恶劣，而是因为他们背后的家庭给予了他们无尽的伤痛。曾经有研究机构通过调查这些问题少年的背景发现，大多数问题少年的家庭生活都极其不幸，例如父母关系恶劣、父母离异、父母之中有至少一方因为违法乱纪而受到制裁，这些都会使孩子在家庭生活中感到惴惴不安，压根感受不到温暖。如果孩子向家庭内部不能获得安全感，不能找到归属感，那么他们就会从向内转化为向外，也就会试图从外界寻找归属感。在此过程中，如果孩子一不小心遇人不淑，与社会上游手好闲的人交往，那么他们就会在不知不觉间误入歧途。人生的道路一旦走偏，再想纠正就会很难。

要想成为合格的父母，当务之急就是与孩子建立亲密关系，让孩子在家庭生活中获得安全感与归属感，这样孩子才能在与他人建立关系的时候更加积极主动，也才能通过模仿父母学习与人相处。

具体来说，如何才能教会孩子建立各种关系呢？

首先，父母要多多与孩子互动，与孩子建立亲密关系，夫妻之间也要多多互动，做到尊重对方，爱对方，这样孩子才会在生活的点点滴滴之中学会爱人与尊重人。在一个家庭里，如果夫妻关系剑拔弩张，夫妻俩也经常当着孩子的面争吵或者打骂，那么孩子对于亲密关系就会感到很畏惧。当然，夫妻之间难免会因为各种原因而产生矛盾或者摩擦，在这种情况下，最好借此机会为孩子示范如何进行协商,如何达成一致,从而对孩子开展言传身教。特别在教育孩子的过程中,哪怕双方有分歧,也要在孩子不在场的情况下反复沟通与磋商,这样才能统一战线教育孩子,使孩子感到安全,情绪稳定。

其次,父母要引导孩子多多与他人相处,勇敢地面对陌生人,也尝试着接近陌生人,与陌生人建立关系。现代社会危机四伏,很多父母为了保证孩子的安全,会叮嘱或者告诫孩子切勿与陌生人搭讪,且一定要远离陌生人。这样一来,孩子看似安全了,实际上他们在拒绝陌生人的同时,也斩断了自己的人际关系脉络。作为父母,我们固然深爱孩子,也迫切地想为孩子摒弃一切危险,但是切勿把孩子当成套中人一样禁锢起来。如果孩子在成长的过程中始终牢记父母的叮嘱——不与陌生人说话,那么在走出家门走入社会之后,他们又如何能够融入呢?

从某种意义上来说,父母所能做的不是为孩子屏蔽一切陌生人,而是要培养孩子的安全意识,教会孩子很多安全技能,这样孩子在与陌生人相处时才能最大限度地保障自身安全。随着不断成长,随着社会经验越来越多,相信孩子们能够保护好自己,也能够成为社交达人。

最后,孩子要爱自己,爱他人,也爱世界,爱地球。地球是一个庞大而又完整的体系,在这个体系中,人类和很多其他的生物共存。所以作为人类，既要与其他生物和谐共生，也要在同类之间构建良好的关系，彼此帮助，彼此扶持，这样才能在和平的日子里一起快乐地生活，也才能在危机到来的时候，齐心协力去面对。

现实生活中，每个人都要爱自己，也爱自己周围的一切。如果一个人只知道爱自己，心里只有自己，而对于其他的生命毫无觉察，那么他的本性就是自私凶残的。如果一个人不但爱自己，心中也怀有他人，怀有整个世界，那么他就有一颗博爱之心，也会珍惜和善待其他的一切生命。有些人选择吃素，从来不吃肉类，其实就是因为他们对其他生命有深刻的觉察，也怀有深切的同情。虽然我们只是渺小的生命，但是我们不该只活在自己的世界里，还要心中怀有博大的世界，从而对自己与其他生命一视同仁，也把自己与其他生命同等对待。

总而言之，每个人与周围的人和事情都有着紧密的联系，我们不可能从世界上这个巨大的关系网中跳脱出来，超凡脱俗地存在。既然如此，我们就要扮演好这个关系网中至关重要的一分子，这样才能发挥自己的微小力量，融入集体之中，既成就了集体，也成就了自我。尤其是在现代社会，人际关系被提升到前所未有的高度。一个人要想做成自己想做的事情，要想有所成就令人瞩目，只从自身的角度出发考虑问题是远远不够的，要有大格局，要有全局观。

第七章　读懂孩子的成长

在成功的诸多要素中，人际关系也是其中必不可少的要素之一。俗话说，多个朋友多条路，多个敌人多堵墙。对于孩子而言，多多结交好朋友，童年的生活将会丰富精彩，人生也会因为得到友谊的滋养而充满快乐与幸福。

陪伴孩子探索生命的意义

说起生命的意义,很多父母本身就感到很迷惘。其实,不仅作为普通人的我们说起生命这个命题时感到摸不着头绪,就算是那些伟大的哲学家和思想家,穷尽一生也没有明确生命的意义。即便如此,我们要想教育好孩子,要想陪着孩子明确人生的方向,就要和孩子一起探索生命的意义。

乍一想来,生命是如此漫长,长得每一分每一秒都感到很难熬,尤其是在考试遇到不会做的题目时,很多孩子都盼望着时间过得快一点儿,再快一点。然而,在美好的时光里,生命又是那么短暂,让人产生转瞬即逝的紧迫感,也让人感到内心充满彷徨和无助,这个时候孩子们哪怕不停地祈祷时间过得慢一些再慢一些吧,时光依然如同白驹过隙,一眨眼就彻底消失不见了。为此,很多孩子都感到困惑,不知道时间到底是快还是慢。其实,时间既有绝对的性质,也有相对的概念。悲伤痛苦时,时光很慢;幸福快乐时,时光很快。

所以最重要的不是时光的本性,而是我们在时光中无数个一转念。

　　细心的父母会发现,孩子从很小的时候就对生命的起源产生了好奇。他们常常会问妈妈:妈妈,我是从哪里来的?有些妈妈说孩子是从路边捡来的,有些妈妈说孩子是从天而降的,有些妈妈说孩子是圣诞老人的礼物。在孩子小时候,这些千奇百怪的回答尚且能糊弄孩子一番,随着孩子不断成长,这些回答已经无法满足孩子的好奇心了。因为此时此刻,孩子不再仅仅对自己的来源感到好奇,更对生命的来源感到好奇。作为父母,无须回避孩子类似的问题,而是要经过慎重思考给予孩子圆满的回答。如何回答这些问题,关系到父母能否启迪孩子的灵性,也关系到孩子能否健康快乐地成长。作为父母,要积极地鼓励孩子探索人生,要引导孩子找到生命的兴趣点,并且要持续地激发孩子对生命的热情,也要帮助孩子实现人生的意义和价值。唯有坚持做到这些,孩子才不会枉过这一生。

　　也有些父母面对孩子的一万个为什么总是感到很不耐烦,尤其是当孩子提出这些看似难以回答的问题时,父母更是会感到特别为难。其实,这没有什么尴尬的。如果孩子对于生命不感兴趣,父母反而要启迪孩子发现自己的生命,确定人生的目的,寻找人生的意义。不要害怕孩子会在生命这个大命题中迷失自己,而是要给孩子自由探索的无限空间。好的父母不会限制和禁锢孩子,而是会激发孩子的无限潜能,让孩子在生命的无垠里海阔凭鱼跃,天高任鸟飞。

归根结底，宇宙才是所有生命的缔造者。在宇宙面前，每一个生命都是那么渺小，在宇宙无穷无尽的历史长河中，每一个生命的过往甚至连沧海一粟都算不上。然而，作为生命本身，我们不能妄自菲薄，而是要努力地活好这一生。父母创造了孩子，孩子再繁衍自己的后代，生命就是这样生生不息地传承下去的。尽管孩子因为父母才能降临人世，但是父母要摆正自己的位置，知道孩子不是自己的附属品，也不是自己的私有物，因而孩子能够过好自己的人生，与此同时也尽力帮助孩子，让孩子达成他们自己的使命。有些父母为此对孩子寄予厚望，迫不及待地希望孩子更快地成长。其实，父母与其把所有的希望都寄托在孩子身上，不如先活出自己的精彩人生，不如先做最真实美好的自己。父母唯有以身作则，才能成为孩子的榜样。试问，如果父母本身就不务正业，又有何资格对孩子提出要求呢？有人说，父母是孩子的第一任老师，其实，父母也是孩子最好的榜样。在家庭教育中，父母为孩子讲述很多道理，给孩子做出各项规定、提出各种要求固然重要，但是父母以身示范为孩子树立榜样，在生活的点点滴滴中潜移默化地影响孩子，对孩子开展言传身教，是更为重要的。

当孩子开始萌生出对生命的好奇，也产生了探索生命的意愿时，父母要成为孩子最强有力的支持者，要给予孩子最好的帮助。尤其是当发现孩子对某些特殊的领域表现出浓郁的兴趣时，父母更是要给予孩子大力支持。有些父母不顾孩子真正感兴趣的事情，就强迫孩子必须遵从父母的意愿，去做父母感兴趣的事情。不得不说，父母的兴趣不是孩子最好的老师，也就注定了孩子无法在父母感兴趣的领域做出独特的成就。

父母要陪伴孩子探索生命的意义，就要以人为本，以孩子为本，也要真正尊重孩子，平等对待孩子。哪怕是在与孩子有分歧的时候，也要给予孩子表达的机会，让孩子感受到自己的存在是有价值有意义的，也让孩子感受到父母的尊重和善待。唯有在家庭生活中感受到温暖，唯有在与父母相处的过程中感受到善意，孩子才会热爱生命，珍惜生命，也最大限度地丰富生命。所谓生命的意义，就是成为独一无二的自己。每个人都是独立的生命个体，都是与众不同的，都不要复制他人的成功或者失败。活出自己，就是生命的意义，就是生命的价值！

孩子的常见成长表现

在成长的历程中，孩子会有各种各样的表现。如果父母不能读懂孩子的成长表现，那么对于孩子的成长就会产生误解，这对于教育孩子、抚育孩子，当然是极其不利的。具体来说，孩子的常见成长表现如下。

第一种常见成长表现：对学习感到迷惘。

很多孩子都不知道学习的目的是什么，是因为他们没有产生学习的内部驱动力，而一直以来都在父母的外部驱动力下坚持学习。又因为父母不遗余力地给他们报班，接送他们上课，所以他们的学习成绩还很不错呢。然而，甚至有些学霸孩子对学习都感到很迷惘，这与他们面对学习的时候没有自己的思考是密切相关的。

为了帮助孩子消除对学习的困惑，父母要激发孩子的学习兴趣，培养孩子的学习动力，相信当孩子从"让我学"转化为"我要学"的时候，他们一定会以全新的眼光看待学习，在学习上也会有更好的表现。

第二种常见成长表现：不知道如何与父母相处。

如今，很多孩子都有这个疑惑，他们不知道如何与父母相处。这一则与父母对孩子寄予了过高过多的期望有关，二则也与孩子的表现常常不能让父母满意有关。其实，父母要怀有更包容的态度对待孩子，孩子也要怀以更积极的心态面对成长。只有如此，父母与孩子才会在同一个频道上，父母与孩子之间也才能建立和谐融洽的关系，其乐融融。

有些父母动辄就对孩子不满意，或者嘲笑、讽刺孩子，这都会使孩子与父母的心渐行渐远。明智的父母全然接纳孩子，哪怕孩子并不是他们心目中理想的模样。他们知道，孩子是世界上独一无二的生命个体，孩子是最美好的存在。

第三种常见成长表现：空心人。

近些年来，有大学毕业生在即将毕业之际，选择了轻生，这与他们内心空虚迷惘是密不可分的。作为父母，切勿让孩子以为成长的唯一目的就是学习，否则一旦学习到达一定的阶段，孩子们就不知道自己接下来还应该做些什么。或者在学习上遭遇挫折的时候，他们就会感到很困惑，不知道人生该何去何从。面对这样的空心人症状，就连很多资深的心理学家都感到束手无策，因为这些空心人浑浑噩噩，觉得活着没有意义，甚至产生想死的欲望。生活，原本就是喜乐参半的，只是一味地吃苦，让人感到绝望和无助。当苦吃得太多了，就要加入一些甜蜜，这样的日子才是有滋有味的。父母要学会调节孩子的生活,当看到孩子一门心思只知道学习的时候,父母就要密切关注孩子的心理和情感状态。

第四种常见成长表现:求胜心切,心理承受能力差。

如今,太多的孩子都求胜心切,他们从小生活得顺遂如意,因而一旦遭遇坎坷或者挫折,马上就会一蹶不振,甚至灰心沮丧。对于孩子而言,这样的状态是很糟糕的。孩子的成长之路才刚刚铺开,未来他们还会遇到很多的难题,遭遇很多的不如意,心理承受能力这么糟糕,如何能够从容地应付人生呢?家长要适时地给予孩子挫折教育,让孩子知道没有人是常胜将军,也让孩子知道人生总有不如意。相信在经过这样的历练之后,孩子的内心会变得越来越强大。

现代社会,生活的节奏越来越快,生存的压力越来越大,每个人承受的重量也在不断增长。一个人如果内心不够强大,对于人生没有明确的目标,说不定哪一天就会被最后一根稻草压垮。我们既然无法改变外界,就要改变自己。作为父母,要给孩子树立快乐生活的典范;作为孩子,则要全力以赴成就自己,经营好生活。不管何时,生命都应该是充实的、美好的,给人以无限的希望和憧憬。父母即使发现孩子在成长过程中有一些问题,也无须惊慌,因为有问题正是成长的正常现象,没有问题的成长才是更令人担心的呢!古人云,兵来将挡,水来土掩。面对成长,父母和孩子都应该拥有这样从容的气魄。

第八章　读懂孩子的爱

　　人是感情动物，人人都有感情。作为父母，要读懂孩子的爱，而不要误解孩子的爱。很多时候，父母都会站在成人的角度揣摩孩子的爱，却不知道孩子的心灵多么纯真，孩子的爱多么炽烈。

孩子的博爱之心

人们常说，孩子是父母的复印件。没错，孩子的一言一行的确和父母很像，但是，偏偏有很多父母都对孩子感到陌生，这是为什么呢？是因为父母在不知不觉间把孩子当成了成人，他们不理解孩子的心思，也不明白孩子的举动。尤其是当父母每天都为了应付生活而行色匆匆时，更是会纳闷孩子为何看到一朵花会惊讶，看到一只蚂蚁也会满怀怜爱。细心的父母还会发现，有些一两岁的孩子在看动画片时，甚至会因为动画片里的情节而感动得流泪。而这一切，在父母已经被生活磨砺得越来越粗糙的心中，原本都是那么微不足道啊。为此，有些父母会有意识地告诉孩子一些残酷的真相，也试图教会孩子辨识人心的险恶，对于大一些的孩子，父母更是直截了当地试图教会孩子"明哲保身"的处世哲学。

当孩子变得越来越像父母，当孩子变得越来越世故，他们原本柔软的心灵日渐坚硬起来，他们对于爱的理解也会变得越来越狭隘。

第八章 读懂孩子的爱

作为父母固然要保护孩子，固然要教会孩子辨识人心，却不要引导孩子走向坚硬和粗糙。孩子拥有博爱之心有何不好呢？他们更善良，更敏感，更懂得爱自己与爱他人。

一直以来，妈妈都为哲哲的多愁善感而烦恼。如果哲哲是个女孩子，倒也还好，偏偏哲哲是个男孩子。作为男孩子，理应成为男子汉，总是抒情感怀掉眼泪，就像贾宝玉一样可不好啊，妈妈是这么想的。实际上，妈妈根本不了解哲哲。

这个周末，妈妈带着哲哲一起去公园里玩。五月的天气，正午时分，太阳明艳，已经很热了。看到哲哲累得满头大汗，妈妈为哲哲买了一杯冷饮。哲哲拿着冷饮，看到有个小弟弟正眼馋地看着他手中的冷饮，对妈妈说："妈妈，给这个小弟弟也买一杯冷饮吧。"妈妈暗暗想道：这么热的天气，我还没舍得给自己买一杯冷饮呢，你倒是大方。这么想着，妈妈对哲哲说："小弟弟会找他的妈妈买的。"然而，小弟弟的家人仿佛不在旁边。看到小弟弟一直在看自己，哲哲赶紧走到冷饮摊旁又要了一根吸管，插到冷饮里，然后邀请小弟弟和他一起喝。妈妈感到哭笑不得。类似的事情经常发生。

哲哲不但对小朋友很友好，也特别爱惜小动物。有段时间，妈妈的一个朋友送给哲哲一只乌龟，哲哲每天都很耐心地给乌龟喂食、换水，还每隔几天就给乌龟洗澡呢。后来乌龟死了，哲哲难过得大哭了一场，妈妈提出给哲哲买一只新乌龟，哲哲却拒绝了，他说："我的乌龟永远也回不来了。"妈妈被哲哲哭得厌烦了，忍不住训斥哲哲："哭哭哭，成天就知道哭，烦死人了！不就是一只乌龟嘛，死了就再买一只，又不是什么稀罕东西。"听到妈妈这么说，哲哲哭得更厉害了。他问妈妈："妈妈，要是有一天我死了，你会再买一个新的孩子吗？"这句话一下子戳中了妈妈的心，她这才意识到在哲哲心中，小乌龟不仅仅是小乌龟，而是一条鲜活的小生命。妈妈不再训斥哲哲，而是借此机会把生老病死的规律讲给哲哲听，给哲哲上了生动的一课。

面对孩子的博爱之心，很多父母都感到很无奈。父母们要知道，孩子有博爱之心，说明他们非常敏感、善良，也能够与他人或者他物产生共情。如今，太多的孩子都以自我为中心，不管考虑什么问题都站在自身角度出发，很少照顾到他人的情绪和感受。有博爱之心的孩子则不会面临这个问题，因为他们心里也装着他人，所以才能照顾到他人的需求，体会到他人的情感，也能在为人处世的过程中与他人更好地互动。

孩子有博爱之心，父母应该感到庆幸。一个人格局有多大，心就有多大。孩子心怀博爱，说明他们有一颗宽容的心。现实中，很多孩子斤斤计较，在家庭生活中得到父母和长辈无微不至的爱，一旦走出家庭，走入社会，与他人相处时就会面临很多困难。古人云，吃亏是福，有博爱之心的孩子从来不怕吃亏，因为他们知道和朋友相处就要慷慨大方，哪怕偶尔吃一点儿小亏，也会因此而结交更多的朋友，收获更多的友谊。

在教养孩子的过程中，要想培养孩子的博爱之心，父母要坚持在家庭生活中与孩子分享，在对孩子付出之后也要向孩子"索要"回报，而切勿总是一味地对孩子付出。此外，父母还要以身作则，经营好属于自己的人际关系，这样也会对孩子起到潜移默化的影响。当一个家庭充满爱，家人与家人之间就会更加团结友善；当一个社会充满爱，陌生人与陌生人之间就会更有温度，整个社会也会更加安定和谐。

孩子的自私利己

作为父母,要认识到对于孩子而言,表现出自私和利己的本性虽不是正确的,但也是正常的,切勿因此而给孩子贴上品质恶劣的标签,否则就会对孩子起到负面的影响和作用。

父母只要认真想一想就会意识到,作为成人,何尝不是自私利己的呢?俗话说,江山易改,禀性难移。作为父母,要正视孩子的本性,给予孩子积极的引导。有些时候,父母的言传身教也会对孩子起到潜移默化的作用,如果父母本身就是很自私自利的,从来不愿意与人分享,在和朋友相处的过程中也总是斤斤计较,那么孩子自私利己的本性就会愈演愈烈。

小马正在读小学三年级,是一个品学兼优的好孩子,学习成绩出类拔萃,课堂表现特别出色,因而深得老师的喜爱。然而,小马有一个很大的缺点,那就是非常自私,是个精致的利己主义者。虽然他说起话来冠冕堂皇,但是他的本性只想保护自己的利益,生怕自己吃一点点小亏。平日里与同学相处,小马自私倒是也没有引起大家反感,毕竟小气或者大方是公认的选择,谁也无可厚非。但是,每当有特殊原因需要献爱心的时候,小马就会因为自私而遭人鄙夷了。

就在昨天,一个偏远的山区发生了严重的地震,还伴随着山体滑坡和泥石流等自然灾害,所以当地的群众损失和伤亡都很惨重。国家机构第一时间就组织人力、物力救援,各个单位也开始组织群众捐款。为此,学校里特意举行了一场募捐动员大会,号召老师和同学们慷慨解囊,真正做到一方有难,八方支援。对此,小马却不以为然。他暗暗想道:"我的钱都是辛辛苦苦积攒下来的,将来还要派上大用场呢,怎么能平白无故给别人呢?"这么想着,回到家里,小马对妈妈说:"妈妈,学校里组织捐款,您给我点儿钱吧!"其实,早在小马放学回到家之前,妈妈就知道学校当天组织了捐款。因而,她对小马说:"捐款就是献爱心,每个人献爱心都要发自真心。我和爸爸在单位都捐过款了,这次既然是学校号召你们捐款,你必须自掏腰包。加油啊,表现出你的爱心与善良。"尽管妈妈把话说得慷慨激昂,小马却愁眉苦脸。看到小马的样子,妈妈问:"小马,你准备捐多少钱?"小马哭丧着脸说:"我一点儿都不想捐,我又不能挣钱。"看到小马自私的本性不改,妈妈原本想劈头盖脸数落小马一顿，但是她转念一想，以平和的语气对小马说："小马，捐款捐的是心意，如果妈妈代替你捐了，你就会失去这次宝贵的机会。我们的祖国是一个大家庭，我们每个人的家都是小家庭。只有大家完好无损，每一个小家才能过得幸福快乐。每一个小家彼此之间都是兄弟姐妹，当看到兄弟姐妹遇难了，当看到祖国妈妈正在为此而忧心忡忡，我们怎能不对兄弟姐妹伸出援手，怎能不为祖国妈妈排忧解难呢？"在妈妈耐心的劝说下，小马终于想明白了这个道理，他慷慨地捐了一百元钱，在班级里树立了良好的口碑。

对于孩子而言，当知道东西是属于自己的之后，他们有一段时间会很爱护自己的东西，不愿意与他人分享；当知道利用金钱可以为自己买来很多想要的东西之后，他们对于金钱的概念会越来越强，他们会成为一个小小的"守财奴"，守护着自己的金钱。总而言之，父母不要因为孩子偶尔"小气"，就认定孩子是自私的。

人人都会自私，只要自私在正常的限度内，不为了满足自己的一己私利就去损害他人的利益，这样的自私就是无伤大雅的。在发现孩子有些小抠门之后，父母要引导孩子学会分享，要教会孩子给予，这样孩子才会变得越来越大方。父母需要知道的是，没有孩子生而大方，每一个孩子既有天性在发生作用，也有很多品质和为人处世的风格习惯都是需要后天养成的。就像上述事例中，小马原本不舍得捐出自己的零花钱,却在妈妈的一番劝说之后,慷慨解囊,这就是成长。

在教养孩子的过程中,父母要有意识地与孩子分享。很多父母在养育孩子的过程中,不管有什么好吃的东西都给孩子吃,不管有什么好玩的玩具都给孩子玩,使孩子独享家中所有优质的资源,渐渐地会变得越来越自私自利,心里没有他人,更不愿意照顾到他人的需求。显而易见,这对孩子而言是很糟糕的。如今,很多孩子自私成性,与父母错误的养育方法密切相关。因而在发现孩子很自私时,父母要首先反省对孩子的教养方式。当然,孩子偶尔自私,父母也要多多理解和体谅,知道这是孩子的本性使然,也认识到孩子需要更多的引导和帮助。

孩子对父母的"挑衅"

父母生了孩子,养了孩子,又为孩子付出了大量的时间和精力,正是因为如此,父母也就理所当然地认为自己对孩子享有至高无上的权力,也情不自禁地会对孩子发号施令。其实,父母这样的想法大错特错。生物学上的亲子关系,并不能真的让孩子对父母言听计从。父母要真正意识到孩子是一个独立的生命个体,需要自己的成长空间,需要得到父母的尊重与爱护。父母唯有更加用心地与孩子相处,才能在与孩子交往的过程中有更多的感悟,也才能尽力经营好亲子关系。

不管是对于父母而言,还是对于孩子而言,家都是温暖的避风港。孩子还没有长大,他们主要在家庭中活动,因而家对于孩子具有特殊重要的意义。很多时候,当家庭结果发生变化的时候,孩子因为爱家爱父母,就会做出一些异常的举动,并且以这种方式"挑衅"父母,试探父母的爱。当发现孩子做出如此反常的举动时,父

第八章 读懂孩子的爱

母一定要透过孩子的行为表现,洞察孩子的内心,这样才能理解孩子的情绪和感受,也积极地回应孩子的爱。

最近,刚刚生了二胎的妈妈心情一点儿都不好,不是因为二宝每时每刻都需要人照顾,而是因为家里原本很乖巧的大宝变得行为怪异,还常常故意挑衅父母的底线。

这天中午,奶奶熬了鸡汤给妈妈喝了催奶,也给大宝盛了一碗鸡汤。大宝看到妈妈碗里的鸡汤很多,而自己碗里的鸡汤很少,生气地说:"我要和妈妈的一样多。"奶奶赶紧向大宝解释:"大宝,妈妈要多喝鸡汤,小弟弟才有奶喝。你喝一碗就够了,明天奶奶再给你熬鸡汤,好不好?"奶奶的话音刚落,大宝就把一碗鸡汤推翻了,鸡汤全都洒在桌子上,又流到地上。妈妈勃然大怒,正准备训斥大宝,突然发现大宝在闯祸之后没有像以前那样赶紧找地方躲藏起来,而是留在原地,满脸倔强地看着妈妈。妈妈感到很纳闷,不明白大宝为何突然不怕挨揍了。妈妈压抑住怒气,一语不发地看着大宝,和大宝对视了足足有一分钟。

傍晚时分,妈妈正在搂着二宝睡觉,奶奶准备带着大宝出去玩。但是,大宝哭得撕心裂肺,坚持要让妈妈带他出去玩。妈妈不明白,大宝以前每次都是和奶奶一起出去玩的,现在怎么就要让妈妈带呢?看到大宝哭得上气不接下气,满脸委屈的样子,妈妈又觉得心疼,只好穿着厚厚的衣服，带着大宝去楼下溜达了几分钟。大宝获得了满足，回到家里之后乖乖地又和奶奶出门去玩了。

  妈妈百思不得其解，来到我的工作室，咨询了我。谁让我和她是好姐妹呢，只能对她知无不言，言无不尽了。我一听到妈妈描述的情况，就当即说道："大宝这是爱你啊。"妈妈无奈地说："还爱我？我都快被他折腾抑郁了。"我忍不住笑起来，说："恋爱的时候，你也吃过醋吧！只不过孩子还小，不会明确地表达出吃醋的意味，所以就以这样的方式提醒你，他也很需要你的关注和爱。我可提醒你，生了二宝之后，千万不要全家人都围绕着二宝转，一定要多多关注大宝。一旦大宝觉得二宝夺走了原本属于他的爱，那么他就会不喜欢二宝了。要想大宝爱二宝，爸爸妈妈首先要更爱大宝。"妈妈感慨道："真是听君一席话，胜读十年书啊！你这么一说，我就豁然开朗了，难怪大宝最近特别爱缠着我呢。我现在就要改变，除了给二宝喂奶和陪睡之外，一定要多多和大宝一起玩，满足大宝对爱的需求。"

  在很多二孩家庭里，父母常常看到大宝一反常态，做出这样的挑衅行为。父母越是偏爱二宝，或者用更多的时间和精力照顾二宝，大宝的"挑衅"行为越是变本加厉。其实，大宝并非真的想要"挑衅"父母，他们之所以瞪大眼睛等着看父母如何应对他们，只是想要知道自己的行为对父母产生了怎样的影响。

面对同一件事情,不同的人会有不同的感受,一则是因为不同的人是从不同的角度看待问题的,二则是因为不同的人考虑问题都以自己的利益点出发,而很少顾及他人的需求。在家庭生活中,这样的情况并不罕见。举例而言,父母认为自己对待两个孩子是很公平的,并没有偏袒其中任何一个孩子。但是孩子的感受却截然相反,哪怕父母对另一个孩子多微笑一次,他们也会觉得自己受到了冷落。所以父母只保证物质上绝对公平的给予是远远不够的,还要保证在情感上满足两个孩子的不同需求。

在评判孩子的各种行为时,父母还要注意正确的措辞。很多父母一旦看到孩子不听话,"挑衅"父母,就会给孩子贴上"顽皮捣蛋"的标签。其实,孩子的很多行为都有一过性,尤其是在自觉遭到冷落的时候,孩子的行为就更加反常。在这种情况下,父母的当务之急不是对孩子下定论,而是要关注孩子的心理状态,满足孩子的情感需求,这才是有效解决问题的关键所在。

作为父母,不要受到惯性思维的驱使,总是试图评判孩子的行为是对还是错。孩子语言表达的能力有限,他们会采取各种方式来表达自己的情绪和感受,其中行为也是他们表情达意、表达心声的重要方式。当父母把孩子的行为看作一种沟通方式,父母就会更加理解孩子的行为,父母与孩子的相处也就会更融洽和谐。

孩子对异性产生好感

在孩子进入青春期后,作为父母,心总是无端地悬了起来。他们看到孩子一天天长大,感到非常欣喜,看到孩子在懵懂之中对异性更加关注,又非常担忧。其实,不管父母是否愿意面对,都没有人能够阻挡孩子成长的脚步。在荷尔蒙的作用下,孩子在青春期处于身心的快速发展之中,从对异性"敬而远之",与异性之间保持一定的距离,到对异性更加关注,产生好感,似乎就在一夜之间,孩子从稚嫩走向了成熟。作为父母,当看到孩子出现这样的变化时,不要担忧,不要抗拒,而是要认识到孩子长大了,所以他们才会有这样的表现。

说起早恋,很多父母都为之色变,在他们心中,早恋是很可怕的,会影响孩子的学业,甚至会影响孩子的前程。父母有这样的担忧情有可原,但是一旦过度,就会给自己和孩子带来很多的困扰。进入青春期之后,孩子渴望与异性交往,就像他们渴了想喝水,饿了想吃饭一样自然而然。很多家庭都因为孩子露出早恋的端倪而使得家中气氛剑拔弩张,作为父母,首先应该摆正心态。太多的父母都不理解孩子,因而质问孩子为何不听话、不懂事,为何不能把所有的时间和精力都用于学习。其实,父母这样的质问是毫无意义的。也许父母早就忘记了自己在青春期的表现,那么不妨想一想自己在像孩子这么大的时候,是怎么想的,又是如何做的。俗话说,人同此心,心同此理,作为父母,更是要对孩子有同理心,能够做到对孩子换位思考,才能真正做到理解孩子,尊重孩子,信任孩子。

孩子是一个活生生的人,有理智也有情感,孩子还是一个独立的生命个体,有自己的想法和主见。偏偏父母总是想把孩子当成自己的提线木偶,总是希望孩子一切都按照自己所想的去做,这怎么可能呢?每当孩子不愿意对父母言听计从,每当父母发现孩子早恋的苗头非但没有被掐灭,反而长得更加枝繁叶茂时,父母就会因为急迫而对孩子做出错误的举措。正如人们常说的,哪里有压迫,哪里就有反抗。也许孩子原本对于父母的观点还没有那么反感,此刻却因为父母的反对而故意与父母对着干,不得不说,这只会导致适得其反,使判逆期的孩子越走越远。

当发现孩子有早恋的苗头和倾向时,当发现孩子真的已经开始早恋时,父母的态度至关重要。父母一定要信任孩子,要沉住气给予孩子更好的引导和帮助。最重要的是,不要对孩子大嚷大叫,或者非打即骂，而是要发自内心地尊重和信任孩子，要与孩子保持顺畅的沟通渠道，这样才有可能了解孩子的真实想法，也才有可能给予孩子更好的关爱。

总体来说，父母对待孩子早恋的原则如下。

首先，给予孩子足够的理解与信任。父母要相信孩子有能力把握好与异性的关系，处理好与异性的问题。当孩子求助于父母的时候，父母才应该给予孩子帮助和引导。如果孩子坚持认为自己可以处理好各种人际交往的问题，那么父母最好能够避免对孩子指手画脚，从而给予孩子更多的空间。

其次，给予孩子一定的支持。如果孩子想要与异性相处，父母在确保孩子与异性之间并没有越界之后，以信任的姿态给予孩子一定的支持，也许效果要比一味地反对孩子与异性交往更好。这是因为孩子都有逆反心理，对于父母不允许他们做的事情，他们反而更加好奇，也产生了更强烈的欲望想要去做。

再次，对孩子感同身受，向孩子讲述自己曾经青葱的感情。每一个父母都和孩子一样有过青葱的岁月，为了拉近与孩子的距离，增进与孩子的关系，父母不要总是高高在上地对待孩子，而是要适度地放低姿态，与孩子更好地互动与交流。有的时候，把自己曾经的糗事讲给孩子听，说不定还能博得孩子的好感呢！

最后，陪伴孩子拓宽社交圈子，结交更多的异性好友。很多孩子从小很少与异性相处，所以每当见到异性就会面红耳赤。为了让孩子更大方地面对异性，父母可以有意识地拓宽孩子的社交圈子，鼓励孩子结交更多的朋友，也要支持孩子结交异性朋友。随着孩子与异性的交往越来越多，那么孩子就能够把握好与异性之间的关系，也就可以拥有与异性的友谊。

早恋不是"洪水猛兽"

相传,大禹治水,三过家门而不入。这说明大禹治水是很辛苦的。但是,大禹治水能够获得成功,并非因为他三过家门而不入。在神话传说中,大禹的父亲鲧也负责治理水患,却因为失败而告终。那么,大禹治水与鲧治水有何不同呢?首先,鲧治水只重堵塞,哪里有水患,他就堵塞哪里。可想而知,堵塞的地方一旦决堤,就会导致更加严重的后果。大禹治水与鲧最大的不同在于,大禹注重疏通。他开掘水道,把淤积的水引流至其他地方,这样一来,水患才得以平息。

也许有些读者朋友会感到纳闷:我们不是在说早恋的问题吗?怎么又说到水了呢?的确,感情与水有着异曲同工之妙。要想引导孩子正确对待早恋,父母就要学习大禹治水的方法,而不要学习鲧只懂得堵塞。

进入青春期之后,孩子的情感开始萌芽,他们渐渐地对异性产生好感,这也使得早恋呼之欲来。父母一味地想要禁止孩子早恋是行不通的,正确的做法是要接纳孩子的情感,在此基础上引导孩子的情感保持良好的状态。如果一味地打压孩子,那么孩子就会逆反,感情反而更加强烈。这与人的本心密切相关,对于得不到的一切,人们总是更加感兴趣,更加想要得到。所以父母对待孩子的早恋问题一定要理性,要克制好自己的冲动和愤怒。

初二的学习特别紧张,乐乐每天都要学习到很晚,早晨也要早早起床。原本,妈妈为乐乐在学习上的优秀表现而感到很幸运,毕竟这样就无须监督乐乐学习了,但是妈妈却接到了老师的电话。看到来电显示是乐乐的班主任李老师,妈妈感到很惊讶,在接通电话前的一瞬间想道:乐乐是不是闯祸了?果不其然,李老师反映乐乐和班级里有个女孩走得特别近,关系超乎寻常地密切。妈妈很恼火,如果乐乐在面前,她当时就会狠狠地批评乐乐。幸好乐乐现在正在学校里呢,妈妈只好自己消气。

等到傍晚乐乐放学回家时,妈妈的怒气已经烟消云散了。她想到自己在初中阶段也曾经默默喜欢一个男孩,又想到当时班级里也有个别同学早恋,因而越来越理解乐乐的感情表现。妈妈心平气和地对乐乐说:"乐乐,进入初中阶段,进入青春期,男孩与女孩之间相互产生好感是完全正常的,无须感到过于紧张。妈妈对你没有很多的要求或者限制，只是希望你们遵守学校的规定，不要给其他同学造成负面影响。另外，初二正处于学习的关键时刻，不能影响学习。"听到妈妈轻描淡写地提出了这两点要求，乐乐惊讶极了，问妈妈："就这样吗？你没有其他要说的了吗？"妈妈想了想，郑重其事地说："妈妈希望你们都能控制好感情的冲动，争取一起考上重点高中，考上名牌大学。这样你们就真的能够走到一起去了。"乐乐陷入了沉思。

经过这次短暂的交谈后，妈妈从班主任处了解到，乐乐与那位女生在学习上的表现都有了很大进步，而且在学校里也很注意保持适度的距离。妈妈感到欣慰极了，她暗暗想道：只要乐乐能够顺利度过这次情感问题，将来就能更好地处理个人感情，更不会因为早恋影响学业了。

在这个实例中，乐乐妈妈是非常聪明的，她没有当即强制禁止乐乐与那位女同学交往，而是给乐乐提出了两个很容易做到的要求，还对乐乐表示了祝福。这样一来，原本已经准备好回到家里被妈妈责备的乐乐，反而感到非常惊讶，压根没想到妈妈会是这样的反应。得到妈妈的理解与尊重，得到妈妈的信任，并且被妈妈委以重任处理好问题，乐乐反而更主动地反思自己的行为举止，也做出了很明智的决定。

很多时候，孩子与异性之间的感情并没有那么深厚，他们只是相互有好感而已。在这种情况下，父母不分青红皂白就试图压制孩子的感情，就会导致事与愿违。反之，如果父母能够给予孩子一定的自由空间，也把做出选择和应对的权利交给孩子，那么孩子的心态就会发生微妙的改变，他们会提醒自己不要辜负父母的信任，一定要圆满地解决问题。作为父母，不管采取怎样的姿态，都是希望孩子快快长大，其实这恰恰是一个锻炼孩子的好机会。

当然，面对孩子的早恋问题，要想和平解决，父母就要摆正心态，切勿把早恋视为"洪水猛兽"，也在不知不觉间给予孩子过大的压力。父母唯有更加尊重孩子，更加信任孩子，孩子才会主动思考自己应该如何做，也才会努力做到最好。

后　记

只是盲目地爱孩子，压根不知道孩子真正想要诉说的是什么，也不知道孩子真实的需求是什么。作为父母，不要一味地给予孩子丰富的物质，也不要一味地给予孩子灼热的爱。记得曾经有一位名人说过，爱孩子是连母鸡都会做的事情。在人类社会中，作为父母爱孩子，则要关注孩子的精神和情感，也要了解孩子真实的需求。如果父母一心一意地给予孩子，孩子却并不需要父母给予的一切，那就是一个爱的误会。如今，很多孩子与父母之间的关系紧张，与此也有一定的关系。

随着孩子不断成长，越来越多的父母都在抱怨孩子越是长大，反而越不听话。这句话意味着父母教育的观点大错特错，一切家庭教育的目的是培养出一个独立自主、自尊自信的孩子，而不是培养一个应声虫。既然如此，父母该为孩子的叛逆感到庆幸，因为这意味着孩子真正长大了。

后记

新生命从呱呱坠地起,就要依靠父母的照顾才能满足吃喝拉撒等基本的生理需求。随着不断成长,孩子们产生的需求越来越多,例如精神需求、情感需求等。父母唯有读懂孩子,才能透过行为看到孩子真正的需求,也满足孩子真正的需求,助力孩子身心快乐地成长。

现代社会中,太多孩子都有各种各样的问题,除了孩子自身的原因之外,还有很多家庭的因素和父母的因素在发挥重要的作用。家,是孩子赖以生存的重要场所;父母,是孩子成长过程中的重要陪伴。所以父母不要盲目地爱孩子,而是要以读懂孩子为前提,给予孩子身心的满足,也给予孩子身心的扶持。

在了解孩子之前,父母还要先了解自己。每个人的心中都住着一个孩子,这个孩子是平和还是恐惧,是强大还是孱弱,都将会关系到每个人在生命历程中的表现。作为父母,也要关注自己的内在小孩,才能真正地靠近自己的内在小孩。当父母自身的生命得以圆满,父母就能觉察到孩子,也陪伴孩子一起成长。